Lionel Blue

Wie kommt ein Jude in den Himmel?

Der jüdische Weg zu Gott

Mit einem Nachwort
von Heinrich Spaemann

Kösel-Verlag München

ISBN 3-466-20101-2
Ins Deutsche übertragen von Ellen Plambeck
Titel der englischen Originalausgabe:
»To Heaven, With Scribes and Pharisees«
© 1975 by Darton, Longman & Todd Ltd., London
© 1976 by Kösel-Verlag GmbH & Co, München, für die deutsche Ausgabe
Printed in Germany
Gesamtherstellung: Kösel, Kempten
Umschlaggestaltung: Günther Oberhauser, München

Inhalt

Ein Vorwort zur deutschen Ausgabe
(und eine Mahnung)

Einige Zeit nachdem ich dieses Buch geschrieben hatte, las ich es wieder. Nach einigem Zögern fand ich, daß es nötig sei, die folgenden Erklärungen und Mahnungen hinzuzufügen. Sie sind wichtig für einen nichtjüdischen Leser und, wie ich glaube, für einen jüdischen dringend erforderlich.

Es ist wichtig, sich darüber klar zu sein, daß man die jüdische Welt nicht rein verstandesmäßig »erkennen« kann. Dazu braucht es Einfühlung, Herz und Verstand. Sonst wird das Ergebnis irreführend und für alle ausgesprochen gefährlich sein. In diesem Buch habe ich versucht, einen »Geschmack« dieser kleinen Welt, einen Einblick in ihr Funktionieren zu vermitteln. Aber ich weiß, daß Liebe oft blind ist, und auch mir ist es schwer geworden, die Grenzen dieser – meiner eigenen – Welt und ihre ungelösten Probleme aufzuzeigen und vorauszusehen, was sie in der Zukunft erwarten mag.

Die jüdische Welt ist sehr klein und liegt innerhalb von drei anderen, der christlichen, der moslemischen und der marxistischen. Ihre Zukunft, ob sie schöpferisch oder zerstörerisch sein wird, hängt vom Allmächtigen ab und ihren Beziehungen zu diesen sie umgebenden Welten – vorausgesetzt, sie erhält überhaupt noch eine Chance und nutzt sie.

Um zu überleben, müssen die Juden in Gebiete vordringen, die augenblicklich außerhalb ihres Verständnisses, ihres Horizontes und ihres Einfühlungsvermögens liegen. Sie müssen sich auf die Reise machen in die ihnen unbekannte Welt der palästinensischen Flüchtlinge, ihrer Leiden und ihrer Rechte, in die fremde und doch verwandte Welt der Moslems und in die Welt der unbequemen kritischen Analyse der Marxisten und der Spiritualität der Christen, die ihnen verdächtig ist. In ihrer eigenen Heimat müssen sich die Juden mit sich selbst auseinandersetzen und sich fragen, was das Judentum (nicht als Nationalismus) für einen Staat braucht und was der Unterschied zwischen hebräischer Kultur und einer Festungsmentalität ist. Die ökonomischen, rassischen und sexuellen

Probleme der jüdischen Außenseiter und Minoritäten müssen angegangen werden. Ich glaube, daß die jüdische Welt genug Reserven an Liebe und Klugheit besitzt, um das fast Unmögliche zu versuchen. Jüdische Geschichte ist immer so gewesen. Auch die Christen erfuhren während des 2. Vatikanischen Konzils, daß Selbstkritik die spirituelle Entwicklung vertieft. Für eine jüdische Vorstadt sind diese Probleme beunruhigend und unbehaglich. Aber sie ignorieren wäre Tod, und ihnen ins Gesicht sehen ist Leben, mit all seiner Freude und Unbequemlichkeit. Die Thora sagt: »Wähle das Leben – damit du und deine Nachkommen leben können!« (Deuteronomium).

Vorwort

Einer sagte, es gebe Bücher über jede Art von Spiritualität –:
Hindus, Katholiken, Buddhisten und Orthodoxe zeigten ihre
spirituellen Schätze, und die Leute kauften sie. Aber, so
fragte er: Wo sind die Juden?
Ich dachte an meine Freunde und Kollegen. Im Geiste zog ich
ihnen Lendenschürzen und Soutanen an und stellte mir ihre
Gesichter dem Unendlichen zugewandt vor.
Es paßte nicht.
Dann dachte ich an die Leiden der Juden und an die jüdischen
Witze, an all das, was ohne Bitterkeit und Haß erduldet worden ist. Und nicht etwa von Heiligen, sondern von ganz gewöhnlichen Juden, den Cohens und den Levys, die nebenan
wohnen. Und plötzlich wollte ich erzählen, wie sie mit all
ihren Verwandten in den Himmel kommen, die Kinder Israels.
Ich hatte ihre Frömmigkeit, ihre Spiritualität, wenn Sie so
wollen, immer so gut gekannt, daß ich sie mir selbst nie erklärt hatte, erst recht nicht anderen.
Damit versuchte ich mich nun bei meinen nichtjüdischen
Freunden, bei Leslie Shepard, meinem Lehrer, bei Gordian
und Isidor, die Dominikaner sind, bei Kim, der eine Art An-
glikaner ist, bei Nikolas, einem Karmeliten, und nicht zuletzt
bei den Schwestern von Sion in London, 17 Chepstow Villas,
die sehr geduldig zuhörten.
Dieses Buch ist ihnen gewidmet und ihrem Wohlwollen.

Lionel Blue

ERSTES KAPITEL

Im Spiegel

> Die Rabbis sagen: Wenn jemand heute kommt und Proselyt werden möchte, sagen sie zu ihm: »Warum willst du Proselyt werden? Weißt du nicht, daß die Israeliten geplagt, gejagt, verfolgt und gequält werden und daß ihnen viele Leiden zustoßen?« Wenn er sagt: »Ich weiß es, und ich bin nicht würdig«, nehmen sie ihn ohne weitere Fragen auf.
>
> Talmud, Jebamot

> Rab sagte: »Beim Gericht wird der Mensch Rechenschaft ablegen müssen über alle guten Dinge, die er hätte genießen können und nicht genossen hat.«
>
> Palästinensischer Talmud, Kidduschin

Man kann die jüdische Spiritualität nicht kennenlernen, ohne Juden zu kennen, und Juden kann man nicht immer gleich gut leiden. In der westlichen Welt leben sie vor allem in den Vororten der großen Städte. Sie sind sehr belesen und gehören zur Mittelklasse. Es sind kleine Kaufleute, Gelehrte, Zahnärzte und Buchhalter, sehr beschäftigt mit Besitz, Unterhaltung und Handel. Sie neigen nicht zur Askese, sondern zur Politik und sind sehr interessiert an der materiellen Welt. Sie haben sowohl die großen Sozialisten als auch die großen Kapitalisten unserer Zeit hervorgebracht. Ihre hervorstechendsten Merkmale sind Vitalität und Hoffnung. Ein Drittel wurde in diesem Jahrhundert ausgerottet, aber innerhalb eines Jahrzehnts hat der überlebende Rest einen halb-messianischen Staat gegründet.

Dieser engagierte Umgang mit dem Materiellen kann auf alle, die eine »geistige« Vorstellung von Religion haben, sehr schockierend wirken. Christen finden so etwas unpassend. Belloc mißfiel es, ebenso Chesterton, und Kierkegaard goß seine Verachtung darüber aus.

Auf den ersten Blick wirkt es ziemlich grob und irdisch, Spiegel aller Übel einer Wohlstandsgesellschaft. Viele Christen haben versucht, die große Rolle, die das Materielle im Judentum spielt, zu ignorieren. Sie suchen Zugang zu jüdischen Werken wie dem Talmud, um jüdische Spiritualität kennenzulernen, und alles, was sie finden, sind endlose Diskussionen über Besitzrechte, Scheidungsvereinbarungen und Strafen wie Steinigen, Hängen, Verbrennen und Köpfen. Letzteres ist besonders verwirrend, weil seit zweitausend Jahren bei den Juden keine Todesstrafe vorkam. Manche Juden spielen dasselbe theologische Versteckspiel, wenn sie versuchen, dem Judentum ein christliches Mäntelchen umzuhängen, bevor sie es der Welt präsentieren. In diesem Licht wird Jesus ein Pharisäer mit liberalen Neigungen, und die rabbinischen Mystiker Osteuropas werden zu konventionellen Heiligen, obgleich »Heiliger« in der jüdischen Welt ein fremder Begriff ist. Damit wird ein ökumenisches Ergebnis erzielt, aber nur durch einen Betrug, wenn auch aus besten Motiven und frommer Unehrlichkeit. Dieses ausgeweidete Judentum, das dabei herauskommt, kann natürlich niemand gefallen.

Um in die innere Welt der jüdischen Religion einzudringen, muß man von Anfang an das Gewohnte abstreifen, die üblichen Vorstellungen von Religion vergessen und sich ein neues Wortverständnis aneignen. Es gilt, sich zu lösen von geliebten Mythen und Legenden, die vielen zu geistigem Fortschritt verhalfen, die aber unter dem Wüstenwind, der sogar durch die moderne saturierte jüdische Gesellschaft der Vorstädte weht, verdorren. Für einen Christen ist das besonders schwierig, denn das Judentum zwingt ihn, sich außerhalb seiner eigenen Tradition zu stellen und gleichsam im Spiegel zu sehen. Die beiden Religionen sind zu nahe verwandt, um irgendwelche leichte Cocktailparty-Lösungen zuzulassen. Es ist zuviel Blut geflossen, zuviel an Verfolgung und Verleumdung geschehen, und zuviel Liebe ist sauer geworden.

Warum soll man diesen steinigen Weg gehen? Vielleicht weil Gott steinige Wege mehr liebt als blumige, denn den Christen zufolge hat Er das selbst gesagt. Wo die Verwundung größer ist, muß die Versöhnung tiefer sein. Die dazu notwendige Disziplin bewahrt uns vor der gefährlichsten religiösen Versuchung – dem Mangel an Respekt vor der Wirklichkeit, wie sie nun einmal ist, und der Vorspiegelung einer künstlich bereinigten Welt, der wir unsere vereinfachten Antworten anpassen können. Denn die religiöse Wahrheit ist letzten Endes bitter, stechend, schmerzhaft; religiöse Sentimentalität nicht.

Es scheint auch, als ob uns heute der Wille Gottes triebe, dem »Anderen« zu begegnen, Kontakte aufzunehmen mit anderen heiligen Gettos, die sich mit denselben Wirklichkeiten befassen. Der erste »Andere«, dem wir begegnen, ist der andere, der auf unserer Schwelle sitzt. Es ist nicht schwer, freundliche Gefühle zum Beispiel für Laotse zu haben. Denn wir müssen nicht Tür an Tür mit seinen Schülern leben, ihr Essen riechen und ihre andersartige Lebensweise ertragen. Dem Judentum zu begegnen heißt, Juden zu begegnen. Wie hoch das Ideal auch immer sein mag, wie tief die Mystik, beide sind in dem lebendigen Fleisch und Blut der Cohens und Levys verkörpert, denen man im täglichen Leben begegnet – unseren schwierigen Nachbarn, die aber ihrer eigenen Überzeugung nach ein heiliges Volk und ein Königreich von Priestern sind. Die Begegnung mit dem Judentum lehrt uns eine große Wahrheit: der menschliche Geist kann eine Theologie schaffen, aber Gottes höchste Schöpfung war nicht eine Idee, sondern lebendiges Fleisch und Blut, das Ihn annehmen oder zurückweisen kann. Im Judentum begegnen wir nicht einer Philosophie oder einer Ideologie, sondern dem Willen Gottes, lebendig in einer Gruppe menschlicher Wesen mit all ihrem Jammer und all ihrer Freude.

Und noch ein anderer Grund für die Suche! Die Gebräuche der jüdischen Religion sind der westlichen Welt heute näher als je zuvor. Wir leben in einer Welt beunruhigenden Überflusses, sind verwickelt in die materiellen Dinge um uns herum. Die Autos, Tiefkühltruhen und Landhäuser sind Bestandteile unserer Persönlichkeit geworden. Religion assimiliert solche Dinge nicht leicht. Sie fühlt sich traditionell wohler in einer ländlichen Szene, dem einfachen Leben und den klassischen Formen von Caritas und Dienst, bei frommen Männern, die ihre Mäntel Bettlern schenken. Sie hat Schwierigkeit, die klassischen Probleme von Armut und Verfolgung hinter sich zu lassen und sich den modernen Problemen der Freizeit, des Wohlstandes und der Enttabuisierung zuzuwenden. Infolgedessen versuchen religiöse Gruppen sicherzugehen. Sie suchen die Welt ab nach Problemen, die klassische Lösungen erlauben. Sie haben viel zu den Problemen der Dritten Welt zu sagen, die glücklicherweise weit genug entfernt ist, aber wenig über die Gesellschaft, der sie dienen. Das verleiht der Religion einen merkwürdigen Anstrich von Unwirklichkeit.

Als Religion ist das Judentum nicht schwer zu verstehen, aber es ist schwer zu erklären. Fragen Sie einen Juden nach jüdischer Spiritualität oder nach dem Judentum selbst, so wird er irgendeine Antwort stammeln oder sprachlos sein – eine merkwürdige Reaktion bei einem sonst so gesprächigen Volk. Er wird eine zufällige, wenn auch richtige Liste von Bräuchen anbieten oder eine völlig ungenaue Aussage über den Glauben machen. Er wird in Verlegenheit sein, denn wahrscheinlich hat er nie bewußt über das Judentum nachgedacht, er hat es nur gefühlt und erfahren. Wie kann man einen Geschmack, ein Aroma, beschreiben oder das innere Echo eines jüdischen Witzes? Kann man aus dem jüdischen Humor eine Theologie machen oder eine einheitliche Aussage über eine Kultur treffen, die von allen Traditionen Europas, Asiens und Amerikas berührt wurde? Immerhin haben die Juden nicht selbst gewählt, jüdisch zu sein. Sie haben die religiösen Möglichkeiten der Welt nicht untersucht, haben sie nicht auf ihre Spiritualität und Ergiebigkeit hin geprüft und das Beste ausgesucht. Sie haben eine gegenteilige Erfahrung gemacht. Sie haben es sich nicht ausgesucht, Juden zu sein, Gott scheint sie geprüft und auserwählt zu haben, und dagegen können sie nichts machen.

Beschreiben kann man eine Sache nur von außen, und das Judentum ist keine Religion für Außenstehende. Seit Jahrhunderten ist es eine Insel gewesen, eine belagerte Festung in einer feindlichen Umwelt, und die Zugbrücke war hochgezogen. Jahrhundertelang haben die Juden neben ihren christlichen Vettern gelebt. Sie waren vor den Deutschen in Deutschland, sie schrieben spanisch – selbstverständlich mit hebräischen Buchstaben –, bevor von Spanien auch nur geträumt wurde. Aber sie lebten sozusagen auf einem anderen Planeten. Die nichtjüdische Welt um sie herum war so weit entfernt wie der Mond und ebenso fremd und kalt. Einen Juden über seine Spiritualität befragen heißt einem Juden eine christliche Frage stellen. Da kann er nur eine unvollständige christliche Antwort geben.

Die Juden missionieren oder bekehren nicht mehr, obwohl sie das früher taten und alle heutigen Juden Abkömmlinge früherer Konvertiten sind. Das Judentum eroberte beinahe die römische Welt. Die Damen an Neros Hof beobachteten die jüdischen Speisegesetze. Im Mittelalter gab es ein jüdisches Reich, das sich von Moskau bis zum Schwarzen Meer erstreckte. Kleine iberische Städte hatten ein Dutzend oder mehr Synagogen. Polen, Russen, Ukrainer und Litauer stritten über die Zugehörigkeit ganzer Städte und Dörfer. Sie hatten alle recht und alle unrecht, denn die umstrittenen Gebiete waren von Juden bewohnt, die alle die Sprache dieser Völker sprachen und zu keinem von ihnen gehörten. Aber die Juden waren nicht lange Missionare. Vielleicht weil sie es nicht wollten, vielleicht weil man es ihnen nicht erlaubte. Bis vor nicht sehr langer Zeit wurden ein Jude, der einen Christen bekehrte, und der Bekehrte selbst verbrannt. Noch in neuerer Zeit erlitt ein Edelmann in Polen dieses Schicksal. Dieses Abschreckungsmittel war wirksam, und verständlicherweise legten die Juden diese Gewohnheit ab. Das hat ihre theologische Zurückhaltung gesteigert. Sie sind es nicht mehr gewohnt, ihre religiöse Erfahrung Außenstehenden zu erklären. Sie haben wenig Übung darin. Da sie gastfreundliche Menschen sind, umgehen sie eine solche Bitte und laden den Fragenden zu einem Sabbatessen ein oder zu einer jüdischen Hochzeit. Das ist nicht verkehrt, aber sie haben die Frage geändert. Der Fragende sucht nach einem jüdischen Glaubensbekenntnis, statt dessen bietet man ihm eine jüdische Erfahrung an.

Es gibt noch ein anderes Problem, das weit schwieriger zu erklären ist. Für einen Juden ist es nicht leicht, sein Judentum festzunageln. Kann er die Religion seines Großvaters erklären? Die Religion des alten Landes war mittelalterlich, aber sie war beständig. Leider hat sie einen großen Fehler, es gibt sie nicht mehr, und sie kehrt nur auf den Wellen der Nostalgie wieder, von denen die jüdische Welt periodisch überflutet wird. Sein eigenes Judentum ist zu zerschlagen, um hübsch verpackt für den Export bereitzuliegen. Es ist wahrscheinlich von Osten nach Westen ausgewandert. Es ist von einer geschlossenen in eine offene Gesellschaft gereist. Es hat die Zerstörung des europäischen Judentums erlebt, den Zusammenbruch der liberalen Hoffnungen und die Errichtung des Staates Israel. Jedes seiner Teilchen ist durcheinandergeschüttelt, und die Teilchen haben sich kaum beruhigt in dem unsicheren Frieden, der dem Zweiten Weltkrieg folgte. Sie haben kaum Form, diese Teilchen der Tradition und Erinnerung, aber sie sind in das jüdische Fleisch eingebrannt und werden ein Leben lang an ihm hängenbleiben. Was ist die jüdische Spiritualität? Ein Jude kann es nicht sagen – er weiß nur, daß ihre Kraft stärker ist als Vernunft und ihre Macht keiner anderen in der Welt gleicht.

Die alte Welt der Pharisäer ist zerbrochen an Verfolgung und halbherziger Toleranz. Eine jüdische Welt ist zu Ende gegangen, und eine neue hat noch kaum begonnen. Die Juden leben in der unordentlichen Werkstatt, in der ein neues Judentum geboren wird. Die Mehrheit der Juden hat große Teile des jüdischen Gesetzes fallenlassen, und es ist unwahrscheinlich, daß sie je dazu zurückkehren werden. Der Zohar – das klassische Werk der jüdischen Mystik – wird kaum gelesen, und der Talmud ist für die Experten. Gottes Wind hat seine Richtung geändert. Wer weiß, wo Er sein Volk jetzt hinwehen wird? Vielleicht ist die Ära der Rabbis und Synagogen zu Ende, wie auch die Ära des Tempels zu Ende ging. Die Juden werden von einer stärkeren Empfindung als der Nostalgie getragen, und das ist die Hoffnung. Sie sind nicht nur vor vielen tausend Jahren vom Sinai weggezogen, sondern sie werden auch zur Offenbarung hingezogen, die vor ihnen liegt. An diesem Punkt der Reise ist es gut, auf das gerade vergangene jüdische Leben zurückzublicken. Es war das Werk der Schriftgelehrten und Pharisäer, die in der Synagoge mit

Jesus debattierten – und auch miteinander. Dieses Buch soll ihren besonderen Weg zu Gott beschreiben, welchem sie durch alle Verfolgungen hindurch treu blieben. Wenn der Christ sie versteht, kann er eine neue Sicht auf Jesus gewinnen. Jesus wird aufhören, eine Ikone zu sein. Er wird in die jüdische Geschichte zurücktreten, in den Rahmen jüdischen Lebens, das seine Heimat war.

ZWEITES KAPITEL

Den Lebensunterhalt im Kosmos verdienen

> Ein Lieblingswort der Rabbis von Javneh war:
> Ich bin Gottes Geschöpf, und mein Mitmensch ist Gottes
> Geschöpf.
> Ich arbeite in der Stadt, und er arbeitet auf dem Land.
> Ich stehe früh auf, um meine Arbeit zu tun, und er steht
> früh auf, um seine Arbeit zu tun.
> Wie er sich nicht anmaßt, meine Arbeit zu tun, so maße
> auch ich mir nicht an, seine Arbeit zu tun.
> Wirst du sagen: ich tue viel und er tut wenig?
> Wir haben gelernt: Mag jemand viel tun oder mag je-
> mand wenig tun;
> Es ist alles dasselbe, vorausgesetzt, er erhebt sein Herz
> zum Himmel.
>
> Talmud, Berachot

Die Mitte des Judentums ist eine Offenbarung, und diese
Offenbarung ist in fünf Büchern niedergeschrieben. Sie sind
auf eine Rolle geschrieben, und diese Rolle wird im Thora-
schrein einer jüdischen Synagoge aufbewahrt. Diese Schriftrolle ist das Herz des Judentums. Die gesamte jüdische Literatur ist nur ein umfassender Kommentar dazu. Stellen Sie
sich einen Querschnitt durch einen Baumstamm vor. Der innerste Ring ist die Thora – die Lehre, das Gesetz –, und um
sie herum schließen sich Ring um Ring die Kommentare und
Erörterungen, wie jede Generation die eigene Lebenserfah-
rung in die Erfahrungen des Volkes einbringt.
Es ist schwer zu sagen, was tatsächlich geschah, denn die Sprache kann wohl Gegenstände wie Töpfe und Pfannen beschreiben, aber sie stammelt, wenn sie versucht, tiefe Erfahrungen,
wie eine große Liebe, auszudrücken; und sie ist völlig unzu-
länglich, wenn sie versucht, über so etwas wie eine Begegnung
mit dem Unendlichen oder mit dem Schicksal zu sprechen.
»Offenbarung« ist kein guter Ausdruck, es ist in Wirklichkeit
überhaupt kein jüdisches Wort. Der Thora nach, welche das
Ergebnis und die Aufzeichnung von Erfahrung ist, »kam Gott
herab« und schritt ein. Er kam nicht mit einem Theater-Coup

herunter, denn Er – Es oder Sie – ist jenseits von Raum und Zeit. Heute findet man die Vorstellung von einer menschlichen Gestalt im Himmel absurd. Die Verfasser der Bibel gebrauchen solche Bilder – man kann nicht ohne Bilder denken –, aber sie gingen immer darüber hinaus. Immerhin, die Unendlichkeit, Gott oder »X«, wenn Sie wollen, kam herab und begegnete einem kleinen Beduinenstamm und einer gemischten Mitläuferschar. Die Begegnung war explosiv, diese Beduinenfamilie wurde in die Geschichte hinausgestoßen zu großem Ruhm und schrecklichem Leid.

Alle Juden greifen, wenn sie, so schwer ihnen das fällt, sich selbst zu verstehen und zu erklären suchen, auf die fünf Bücher Mose zurück, die auf der Rolle geschrieben stehen. Diese fünf Bücher sind nicht das letzte Wort des Judentums, aber sie sind sein Mittelpunkt. Sie sprechen nicht vom Leben nach dem Tod oder vom Messias, und es hat keinen Zweck, in ihnen nach einer Theologie zu suchen. Wenn man auf dem Versuch besteht, wird man keine finden oder vielleicht mehrere, was, wie mir scheint, aufs gleiche hinausläuft. Es sind weder hübsche Bücher noch eine Sammlung frommer Texte, wenn sie auch einige schöne Gedanken enthalten, wie »du sollst deinen Nachbarn lieben wie dich selbst«. Das enttäuscht heute manche Juden, wenn sie in die Synagoge gehen. Sie würden etwas weniger Trockenes vorziehen, etwas mit mehr Frömmigkeit und Gefühl. Die Thora berichtet von gelegentlichen religiösen Erfahrungen, großartig, aber lakonisch, und verweilt nicht dabei. Über den brennenden Dornbusch zum Beispiel werden nicht viele Worte gemacht. Die Thora gibt eine Skizze der frühen Geschichte des Volkes und ist so peinlich ehrlich, daß sie die Auswüchse nicht verschweigt und die Völker nicht in gute oder böse einteilt. Nach der Heldenverehrung des 20. Jahrhunderts mit ihren byzantinischen Adjektiven, die die gebildete Schicht auf Hitler, Mussolini und andere Tagesgrößen der Politik gehäuft haben, ist es eine Erleichterung, die Erzählungen über Mose, die sein Temperament und Gestammel nicht verschweigen, und über Jakob und seinen Betrug und die Fairneß und Anständigkeit des Erzgegners Esau zu betrachten, der aus der göttlichen Geschichte verschwindet. Der Personenkult hat Systeme verzerrt, welche Aufklärung und Vernunft auf ihre Fahne geschrieben haben. Er hat die politischen Meinungen aller Schattierungen überrollt, ob links oder rechts oder Mitte, ob materialistisch oder spiritualistisch.

Aber selbst der religiösen Geschichte gilt nicht das Hauptinteresse der Thora. Ihr wirkliches Interesse gilt Steuern, sozialer Fürsorge, kommunaler Organisation, dem Erbrecht, den Verbrechen, der Autorität und den Verfahrensweisen. Vor allem ist die Thora leidenschaftlich an Details interessiert. Sogar wenn sie sich mit Gegenständen der Frömmigkeit beschäftigt wie dem Bundeszelt, tut sie es nicht mit Lehren, Allegorien oder anderen frommen Ausführungen. Statt dessen begeistert sie sich für Maße, Material und Kosten. Diese werden mit aller Genauigkeit aufgeführt, die ein vor-technisches Volk aufzubringen in der Lage ist.

Gott steckt seine Nase in alle Ecken und Ritzen des Lebens. Es gibt Gesetze über Vogelnester, Verkaufswaagen, Infektionskrankheiten und Umweltschutz. Die Thora scheint nicht geistig zu sein, denn sie ist ungeheuer in der materiellen Welt engagiert. Nur gelegentlich werden wir daran erinnert, daß die Quelle dieser Leidenschaft für das Materielle nicht materiell ist. Die Macht, die uns in der Welt ans Werk ruft, ist in sich selbst »außergewöhnlich«, unweltlich und heilig. »Heilig« bedeutet im Hebräischen etwas, das außergewöhnlich, das anders ist. Die Natur dieser »Außergewöhnlichkeit« und ihre Identität schimmern durch im brennenden Dornbusch, in Jakobs Traum oder im Erlebnis des Mose auf dem Berg Sinai.

»Es« mag in sich ruhen und jenseits jeder Veränderung sein, aber Seine Befehle sind kurz und knapp und unwiderstehlich. »Tu dies«, sagt die Thora, »Tu dies!« oder »Tu das nicht!«, sagt die Thora. »Tu das nicht!« – das ist die typische Wendung. Für religiöse Erfahrung bleibt da nicht viel Zeit, denn es gibt buchstäblich zuviel zu tun, und jeder wird auf Trab gebracht. Das Judentum ist nicht eine Theologie oder ein Frömmigkeitssystem. Auf diese Weise hat sich Gott bei der Begegnung nicht geoffenbart. Das Judentum ist eine Aufgabe, ist eine Aktivität, und Arbeit ist der Schlüssel dazu. Ein Gesetz folgt dem andern (es gibt nicht weniger als 613), und Religion heißt vor allem sie erfüllen, heißt nicht sie betrachten oder sie betend aufsagen oder sich vor ihnen verbeugen oder über sie philosophieren oder sie küssen.

Für Juden mag die Arbeit nicht die Mitte von Gottes Religion sein, aber sie ist die Mitte ihrer Religion. Gott und Mensch haben verschiedene Naturen und verschiedene Interessen – es sind nicht die gleichen. Das Universum ist nicht dazu da, um unseren Willen zu tun, sondern wir sind da, um ihm weiterzuhelfen. Arbeit und Geschäft sind heilig, denn die Schöpfung ruht nicht. Sie arbeitet selbst zielbewußt, und wir sind ein Teil von ihr. Wie jedes andere Geschöpf existieren wir nicht für uns allein, sondern müssen unseren Lebensunterhalt im Kosmos verdienen. Diese Arbeit ist für Juden eine Freude, es macht ihnen Spaß, für ihren Lebensunterhalt zu sorgen. Wir fühlen das Wogen des Geistes, wenn wir von Sitzung zu Sitzung eilen, von einer Aktivität zur andern, und so für das Königreich Gottes arbeiten oder, wenn Sie wollen, für die Republik des Guten.

Jeder religiöse Mensch versucht seine Beziehung zu Gott zu beschreiben, das Bindeglied, das ihn mit der unsichtbaren Kraftquelle verbindet. Christen sind Teil des Leibes Christi. Sie sind ein Teil von ihm, und er ist eins mit dem Vater. Juden betonen diese Verwandtschaft nicht so stark. Dieses Familiengefühl, das ihn mit dem Allmächtigen verbindet, setzen sie voraus, aber gebrauchen es vorsichtiger und mit weniger lebendigen Bildern. Die Sprache der jüdischen Spiritualität sieht für diejenigen, die sie nicht kennen, anders aus. Obwohl Gott unser Vater ist, ist es im täglichen Leben oft besser, Ihn als unseren Arbeitgeber zu denken. Den jüdischen Kommentaren und Lehren des Jesaja gemäß geben die Kinder Israels genau an, was der beste Ausdruck für ihre religiöse Absicht ist. Sie rufen: »Nenne uns nicht Deine Kinder, sondern Deine Bauleute!« Juden beschreiben sich als »Arbeiter« und Gott als den »Arbeitgeber«. Sie gehen sogar noch weiter. Sie benutzen eine Sprache, die auf ihre Weise ebenso kühn ist wie die Aussagen über den Leib Christi. Sie sprechen von sich selbst als »Mitarbeitern Gottes am Schöpfungswerk«. Die Einzelheiten von all dem sind niedergelegt und bedürfen keiner Verteidigung oder Erläuterung. Gott ist »treu und wird uns unseren Lohn zahlen«, sagt der Talmud. Und er fügt hinzu: »An den Zinsen guter Taten kann man sich in dieser Welt erfreuen« und, Wunder über Wunder – »das Kapital bleibt uns voll erhalten in der kommenden Welt«.

Man muß sich darüber klar sein, daß es im Judentum keinen Platz für feudale Ideale oder ästhetische Republiken gibt. Es schämt sich nicht seiner bourgeoisen Vorliebe für die Mittelklasse. Wie andere Religionen befaßt es sich mit der Armut. Jedoch verherrlicht es diesen Zustand nicht, sondern möchte ihn beenden. Die jüdischen Diener Gottes sind in dieser Welt keine perfekten Ritter oder einsame Eremiten, sondern die heilige Gesellschaft von rechtschaffenen Geschäftsleuten, die frommen Organisatoren von Gemeinden, die Ausschußmitglieder und die Apparatschiks, die ihre Zeit und Energie freigebig einsetzen; die Macher, die sich um die Details der Welt kümmern und sie in Gang halten, denn sie läuft nicht von selbst. Während sie ihrem heiligen Werk nachgehen, färbt die Heiligkeit auf sie ab und macht auch sie heilig. Vorausgesetzt, sie arbeiten für Gott und nicht für ihre eigene Ehre oder aus Ehrgeiz, ist dies ihr Weg zum Heil. Über dem Eingang zum Konzentrationslager der Nazis hing ein Schild, »Arbeit macht frei«. Das war schrecklich, denn es verzerrte eine Wahrheit, die eine der tiefsten Erfahrungen der Juden ist – die Erlösung, das Heil, zu dem das ehrlich verrichtete Tagewerk die Tür ist.

Die materielle Welt, in der wir leben, ist nicht nur unser Arbeitsplatz, sie ist auch das Material, mit dem wir arbeiten. Kein Künstler, kein Handwerker wird sein eigenes Werkzeug und das Medium, mit dem er arbeitet, verachten. Kein Jude kann je die Welt wirklich beklagen oder verachten. Sie kann ihn ärgern und verwunden, aber er kann sie nicht wegwerfen. Schon der Wunsch, es zu tun, würde unreligiös sein. Da, wo Gott uns hingestellt hat, haben wir unseren Lebensunterhalt zu verdienen. Wenn wir das getan haben, nicht eher, können wir uns anderen Realitäten und Welten zuwenden, die sicherlich existieren. Bis dahin ist es besser, nicht bei ihnen zu verweilen, es sei denn, man orientiere sich an ihnen wie an einem Kompaß, der uns die Richtung anzeigt, in die wir gehen müssen. Es gibt Freuden religiöser Zurückgezogenheit, welche die meisten von uns sich erst verdienen müssen. Bis dahin müssen wir weitermachen mit unserem Job. Dieser Job wird beschrieben in einem Werk des 16. Jahrhunderts, »Der gedeckte Tisch«; es stammt von einem Rabbi namens Joseph Karo. Der Tisch ist »gedeckt«, weil er das Gewirr des Talmuds, die dauernden Erörterungen und Diskussionen, den heiligen Meinungswirrwarr so wohl zubereitete und die Resultate so lichtvoll, so klar herausstellte, daß sogar ein Narr oder ein Kind oder, ich bitte um Entschuldigung, eine Hausfrau an den Tisch kommen könnte, um den Willen Gottes herauszufinden und ohne geistige Verdauungsschwierigkeiten in sich aufzunehmen. Für das traditionelle Judentum ist es ein unentbehrliches Buch und ein Kunstwerk. Karo gehört selbst zu dem inneren Kreis jüdischer Mystiker. Was immer seine persönliche Inspiration war, er wurde vom Geist geführt, sie lenkte ihn nie von den kleinen Dingen dieser Welt ab und von der fast pedantischen Genauigkeit, mit der sie behandelt werden müssen.

Die Arbeit liegt um uns herum. Wir arbeiten in der Außenwelt und ebenso in der sehr realen Welt in uns. Wir stehen still, aber alles an uns und in uns, jede Zelle, arbeitet. Wir gehen in einem Büro oder in einer Fabrik unserer Arbeit nach, und wir arbeiten daran, diese Welt mit der sich nicht verändernden Wirklichkeit zu vereinen, die dahinter liegt. Wir nähen sie mit unserem Gewissen zusammen. Man kann die Arbeit auf jede Weise, von jedem Gesichtspunkt aus angehen. Sie ist ein Ganzes, und ein Teil führt zum anderen. Wollten wir ihre Komplexität leugnen, würden wir einseitig, dann gefährlich und schließlich unnütz werden. Viele möchten nur in der äußeren Welt arbeiten und nicht an sich selbst. Sie möchten die Wirklichkeit fügsamer und leichter manipulierbar machen. Dann wird Manipulation aus ihrer Arbeit. Sie manipulieren einander und sich selbst. Sie können die Probleme der Welt nicht lösen, sondern nur darüber reflektieren. Andere weichen wieder auf neue Weise aus. Sie verdrängen die äußere Welt und benützen die Frömmigkeit als Ausweg. Sie sind so sehr in ihre geistigen Systeme vertieft, daß sie auf ganz unmerklichen Umwegen auf ihr eigenes Ich zurückgeführt werden. Wenn Schurkerei und Korruption sich in die Welt einschleichen, sehen sie es nicht, so eifrig sind sie darauf aus, in ihren sauberen Stuben jedes Stäubchen zu erspähen. Sie mögen himmlische Freuden gekostet haben, aber ihren Unterhalt in dieser Welt haben sie sich nicht verdient. In jüdischen Augen kann das ein spiritueller Erfolg, aber ein religiöses Versagen sein. Das war die Fallgrube vieler frommer Leute zwischen den beiden Weltkriegen.

Welche Arbeit steht höher, welche niedriger? Wer weiß das! Jedem von uns ist seine eigene Arbeit aufgegeben, und bis wir sie getan haben, ist sie für uns die höchste. Die Gesetze der Thora sind nicht besonders ätherisch oder poetisch, aber es sind die, die Gott seinem Volk gegeben hat. Was ist wichtiger, irdische Liebe oder mystische Liebe? Die erstere erhält zum mindesten die Welt in Gang und sorgt dafür, daß Mystiker geboren werden!

Rabbi Simon Ben Jochai, der Überlieferung nach der Gründer der Kabbala, mußte seine Prioritäten grundlegend ändern. Als er nach Jahren der Kontemplation, die auf die Niederlage in den Kämpfen mit Rom folgten, aus seiner Höhle herauskam, sah er, daß die Menschen pflügten und säten, anstatt die Thora zu studieren. Er rief ihnen zu, daß jetzt keine Zeit sei für solche Trivialitäten. Aber Gott Selbst schritt ein und befahl Rabbi Simon, in seine Höhle zurückzugehen, bis er die Wichtigkeit der scheinbar trivialen Dinge, die die Welt im Gange halten, erkannte. Das Judentum unterstützt keinen mystischen Snobismus.

Es gibt noch eine andere Geschichte vom größten Rabbi seiner Zeit – Elija, dem Gaon von Wilna. Im 18. Jahrhundert gab der gelehrte Rabbi eine Unterrichtsstunde. Zwei seiner Schüler schauten aus dem Fenster einem in den Himmel steigenden Vogel nach. Er fragte den einen: »Woran hast du gedacht, als du den Vogel beobachtetest?« »Ich dachte an eine zum Himmel aufsteigende Seele«, erwiderte der Knabe. Elija dachte nach und befahl ihm, seine Klasse zu verlassen. Er roch den Mystizismus des polnischen Judentums. Er wandte sich zu dem anderen Jungen und stellte ihm dieselbe Frage. Der Junge dachte nach. »Wenn der Vogel tot zwischen zwei Zäunen herunterfallen würde«, sagte er, »wem würde er gehören?« Sein Lehrer erwiderte: »Gepriesen sei Gott für jemanden, der weiß, worum es in der Religion geht!« Christliche Frömmigkeit ist für viele Juden beunruhigend, eben weil sie so attraktiv ist. Aber sie scheint zu religiös, um jüdisch zu sein. Es gibt da in der Kost mehr Kuchen als tägliches Brot, und ein Jude wird von geistiger Magenverstimmung beunruhigt. Das Zeug steigt den Schülern der Schriftgelehrten und Pharisäer zu Kopf. Man kann leicht davon benommen werden, wenn man nicht daran gewöhnt ist, und wie können wir unsere Pflicht tun und mit dem täglichen Leben fertig werden, wenn wir betrunken sind, – mit all den Grenzziehungen, den Streitereien, den Komitees, die wir heiligen sollen? Religiöse Erlebnisse können einen Juden von der religiösen Pflicht abhalten, zu der Gott uns gerufen und für die Er uns so viele Gesetze und Weisungen gegeben hat. Die Mitte des Judentums ist daher weder ein Glaubensbekenntnis noch eine Theologie, ja noch nicht einmal eine Erfahrung – die Thora weiß wenig von solchen Dingen –, vielmehr eine Aufgabe! Seine Einheit kommt nicht aus einer Orthodoxie, in der alle dasselbe glauben. Sie kommt aus der Orthopraxis, in der wir alle zusammen für die gleichen Dinge arbeiten. Gelegentlich würden die Juden gern religiös respektabel sein, d. h. wie Christen, und es erscheinen Bücher und Predigten, die ihnen sagen, was sie glauben sollen. Von außen sehen sie sehr solide aus, nicht so sehr verschieden von christlichen oder marxistischen Büchern ähnlicher Art. Aber der Außenstehende sollte sich vorsehen! Wenn das Buch dogmatisch und umfassend ist, sollte er die Besprechungen lesen. Er wird merken, daß der Erklärer des Judentums in glorreicher Isolation lebt, als einziger Bewohner seiner eigenen orthodoxen Festung. Wenn das Buch tatsächlich die Wirklichkeit des Judentums widerspiegelte, seinen Reichtum, sein Durcheinander und seine Dynamik, würden so viele theologische Theorien vorgestellt, so viele verschiedene Möglichkeiten über das Leiden, das messianische Königreich und das Leben nach dem Tode, daß der Leser sich verwirrt abwenden würde. Diese Vielfalt ist typisch für alle Juden, Jesus nicht ausgenommen. Er lehrte wenig Theologie. Er verlangte, daß gewisse Dinge getan und gewisse Realitäten anerkannt würden. Seine Aussprüche und Gleichnisse sind der Stoff, der Theologien zugrunde gelegt werden kann, in sich selbst sind sie keine Theologie. Jesus war kein Theologe, denn er war ein Jude. Seine späteren Nachfolger, die keine Juden waren, drückten jene Realitäten in theologischen Begriffen aus.

Die Heiligkeit der Arbeit und ihre Dringlichkeit ist der Führer durch den Dschungel der einzelnen Gesetze, wie er von den Schriftgelehrten und Pharisäern gepflanzt und angelegt worden ist. Alles in der Thora Vorhandene wurde darin intensiviert. Es genügte nicht, Prinzipien aufzustellen, wie die Propheten es taten. Man mußte sie anwenden und sie von einem Amt aus verwalten, die Einzelheiten durch ein Gericht entscheiden und die Ausführung durch den Druck der Gemeinschaft durchsetzen. »Gerechtigkeit, Gerechtigkeit sollt ihr erstreben«, sagt Mose. Der Deuteronomist sowie die Schriftgelehrten und Pharisäer trugen dieses Bestreben in jedes Detail des menschlichen Lebens hinein. Sie versuchten, eine heilige und gerechte Gesellschaft aufzubauen, wo immer sie waren, und das tun auch wir, ihre Nachfahren. Keine äußeren Umstände können uns von dieser Aufgabe dispensieren. Sie wird getan im Schmutz eines Gettos, in der Eintönigkeit einer modernen Vorstadt oder selbst im Konzentrationslager. Keine Situation kann uns davon befreien.

Die Leidenschaft fürs Detail wurde bei den Schriftgelehrten und Pharisäern mit der Zeit immer stärker. Jetzt knieten sich die Arbeiter erst recht in den Job! Beim Bau des himmlischen Königreiches in Miniatur mußten sie jeden Ziegel und jedes Steinchen beachten. Auch wir, ihre späten Nachfahren, fragen heute nach Gottes Willen in bezug auf die Details unseres Lebens, unseren Besitz, unser Liebesleben, unsere Küchenausstattung, unsere Verträge, in bezug auf den Klatsch, die Spiele und unsere Streitereien. Das sind keine frommen Gegenstände, aber der Talmud und alle dazu gehörenden Kommentare sind voll davon. Es gibt schöne Gedanken in diesen Büchern, aber sie liegen neben kontroversen, verwirrenden und einigen sehr garstigen Gedanken. Der Christ sollte sich davon nicht schockieren lassen. Der Psalter, den er gebraucht, hat dieselben Kennzeichen. Es sind beides jüdische Bücher mit einer tiefen Achtung vor dem Leben, wie es ist, für uns, wie wir sind, und für die Welt, wie Gott sie gemacht hat. Beide bevorzugen die ungesäuberte Wirklichkeit. Sie gewinnen an Würze, wo es ihnen an Spiritualität fehlt.

Im Sinne des Judentums ist das Reich Gottes auf Erden für die Menschen bestimmt, wie sie sind und nicht, wie sie sein könnten. Wir arbeiten mit dem und für das, was ist, und nicht für Sehnsüchte oder Wunscherfüllungen. Diese Haltung zieht uns zu unseren nahen Verwandten, den Marxisten. Denn auch sie arbeiten hart und lieben eine gerechte Gesellschaft, wenn auch keine heilige. Auch sie haben eine jüdische Leidenschaft. Unser augenblicklicher Streit mit ihnen ist nicht kühl oder unparteiisch, denn wir teilen dieselbe Liebe. Er hat die Heftigkeit eines Familienstreites. Kein Volk hat mehr für seine politischen Ideale getan als das jüdische, und eines der glorreichsten Kapitel unserer Geschichte ist das der jüdischen Märtyrer für den Materialismus. Es ist eine tiefe Wunde, daß diese Arbeiter für Gerechtigkeit in Arbeitslagern endeten, in Stalins letzten Tagen verschwanden oder von der Justiz ermordet wurden bei den Säuberungsaktionen, die alles vernichteten, was noch fragen konnte und offen war für den Geist. Juden stellen stets die Kulturen, in denen sie leben, in Frage. Sie arbeiten zu schwer, sie reden zuviel und passen nicht dazu. Die Menschen wollen falsche Sicherheit, sie möchten, daß die Welt stillsteht. Aber die Juden sind rastlos wie die Welt und gehen weiter. Sie erschüttern die Bürokratien und offiziellen Strukturen, die »Herrschaften und Throne«, ein störendes Element im Leben der Welt. Das Reich Gottes bedarf der Zerstörung wie der Schöpfung. Gott ist ein Arbeiter, und wir sind die Werkzeuge seines Handwerks. Die größte Sünde für ein Werkzeug, für ein Instrument, und daher für das jüdische Volk, ist Untätigkeit.

Ist es wichtig, daß sie Atheisten sind und wir nicht? Ein traditionsgebundener Rabbi stellte die Frage: »Warum wurde der Atheismus erschaffen?« Er antwortete: »Damit wir nicht nur auf Gott vertrauen, wenn wir in der Welt arbeiten, sondern so tun, als existiere Er nicht und die Verantwortung ruhe allein auf unseren Schultern.«

Es ist wahr, wir können die Dinge in Gottes Hände legen, aber das ist nur eine geringe Befriedigung, denn in dieser Welt sind wir Seine Hände, Seine Werkzeuge. Die Arbeit geht weiter, ob wir unsere Arbeit schlecht oder gut machen, wir sind ein Teil davon.

Wir Juden fühlen uns daher mit allen verbunden, die an Träumen arbeiten und planen und sich plagen für das Kommen des Reiches. Unsere Sympathie gilt den Träumern, die ihre Hausaufgaben machen, die leidenschaftlich am Detail interessiert sind, wie es die Thora fordert, die nicht nur in Cafés und Versammlungsräumen davon reden, sondern sie auch ausführen und das Schöpfungswerk fortführen. Wir teilen die Spannung aller Erbauer von Utopia. Ein religiöses Band verbindet uns mit den Utopisten, den Anarchisten, den Reformern, den Mitarbeitern und den Kollektivisten. Sie stehen uns auf ihre Weise so nahe wie die Christen, denn unter allen religiösen Völkern sind wir Juden die heiligen Materialisten. Wir lieben und achten die Materie, aus der wir geformt wurden, und wir wissen, daß, wenn wir ihr nicht in Heiligkeit nahen, wir sie mißbrauchen und die Welt verderben. Arbeit also beherrscht die jüdische Welt. Aktivität ist ihr Merkmal, ob in der Vorstadt oder im jüdischen Staat. Nirgendwo herrscht Ruhe, dauernd ist man auf Trab, das ist Tradition. Hillel sagte zwar, man dürfe sich nie von der Gemeinschaft trennen, aber manchmal muß man sich außerhalb stellen, um sie zu sehen, wie sie ist, und die Rolle, die in ihr die Arbeit spielt. Juden gebrauchen die Arbeit auf dreierlei Weise: um sich zu heiligen, um sich vor sich selbst und vor anderen Leuten zu schützen und um von Gott wegzulaufen. Arbeit ist ein Mittel, um Gott zu begegnen, und gleichzeitig, um Ihm auszuweichen.

Der legitime Nutzen der Arbeit wurde beschrieben, aber die Krise des modernen Judentums ist keine Krise der Arbeit.

Sie ist eine Krise des Zwecks: Wofür arbeiten wir, und was ist der Zweck unserer Tätigkeit? Unser Problem sind nicht die sechs Arbeitstage, sondern der siebente Tag, der Ruhetag. Viele Juden haben Schwierigkeiten mit den Feiertagen. Das ist der persönliche Ausdruck einer tiefen Malaise der jüdischen Gesellschaft. Für die Juden hat die Arbeit eine therapeutische Funktion. Sie ist ihre Art und Weise, Bitterkeit zu überwinden und mit tiefem Leid und Unglück fertig zu werden. Die Wurzeln dafür liegen tief im Herzen des rabbinischen Judentums. In Zeiten des Unglücks war die jüdische Antwort wirksam und augenfällig. Es wurde die Zahl der Gesetze vermehrt, und die Arbeit diente dazu, Furcht und Unsicherheit zu überwinden. Diese Reaktion hat ihre positiven und negativen Seiten. Die Reaktion auf den Zweiten Weltkrieg zeigt beide. Nach Beendigung der äußeren Unsicherheit waren die inneren Traumata geblieben. Die Juden überwanden sie mit der spektakulären Gründung des Staates Israel. Man kann sich die Arbeit, die Aktivität und das Talent kaum vorstellen, mit welchen der Staat geschaffen wurde. Was immer ihre Verdienste und Mißerfolge gewesen sein mögen, die Arbeit selbst war der jüdische Weg zu psychischer Gesundheit. In weniger augenfälliger, aber eindrucksvoller Weise bauten in Europa die Überlebenden der Konzentrationslager neue Geschäfte auf, und nach kurzer Zeit waren die Narben des Massenmordes kaum noch sichtbar.

Israel arbeitet, es ist ein »going concern«. Dasselbe tun die jüdischen Vorstädte. Aber wofür sollen sie arbeiten? Ein idealisierter sozialer Wohlfahrtsstaat ist nicht genug, und die Wiedererrichtung des Tempels ist kaum wahrscheinlich und in seiner alten Form kaum wünschenswert. Eine von den ständigen Krisen, die die Älteren ertragen mußten, befreite junge jüdische Generation kann nicht nur für sporadische Notfälle arbeiten. Vielleicht muß sie über Arbeit und Gesetz und Israel hinaus zu einer Begegnung mit Gott kommen. Nur in Seinem Licht lassen sich die großen Fragen des Judentums lösen: Was ist der Zweck unserer Arbeit, was verlangt das Gesetz von uns in unserer Zeit, und was sollen wir aus Israel machen?

DRITTES KAPITEL

Der Herr der Heerscharen in der Vorstadt

> Das jüdische Volk, das ausgesonderte Volk, das heilige
> Volk, ist ein von Gott gemachtes Volk. In unserem
> Adel und in unserer Schäbigkeit, in unserem kulturellen
> Raffinement und unserer Vulgarität, in unserer Aus-
> dauer und Schwäche, in unserem Ruhm und der Schande
> unserer Entmenschlichung in Auschwitz – wir sind das
> Volk Gottes ... Wir haben es uns nicht ausgesucht, Ju-
> den zu sein, Gott hat uns ausersehen.
>
> Ignaz Maybaum

> Die Thora wurde nicht Engeln gegeben.
>
> Talmud, Berachot

Eine jüdische Vorstadt sieht ziemlich normal aus. Ihre Archi-
tektur ist nicht ungewöhnlich, und nichts weist darauf hin,
daß hier das auserwählte Volk Gottes Sein Reich auf dieser
Welt aufbaut. Sie scheint unordentlich und materialistisch zu
sein, ganz vertieft in ihre Bequemlichkeit und ihr Eigenleben.
Diese »Inwendigkeit« hat auch ihre äußeren Probleme mit
sich gebracht – die Unfähigkeit, sich mit der arabischen Welt
zu einigen. Das Angebot in den Lebensmittelgeschäften ist
reicher als üblich, und es gibt mehr Geschäfte für Pelze, Ju-
welen, Kleider und andere gute Dinge. Sie scheint weit entfernt zu sein von dem Allmächtigen, dem El Schaddai, der
sein Volk durch Wüstenstürme führte.
Immerhin, wenn man will, kann man die Spuren Seiner An-
wesenheit sehen. Außen an den Läden hängt das Koscher-
Zeichen. Es schmückt das üppige Salzfleisch im Restaurant.
Wenn Ihre Augen gut genug sind, werden Sie auch an einem
Kleidergeschäft eine kleine Notiz bemerken, die besagt, daß
Sie für einen kleinen Aufpreis auch einen koscheren Anzug
haben können. Koscher gilt für mehr Sachen als Fleisch. Die
Atmosphäre der Vorstadt ist voll von Geschäft und Geschäf-
tigkeit. Ein Mann mit Aktentasche geht vorbei, gespannt und
versunken. Weil man jetzt längere Haare trägt, erscheinen

seine Seitenlocken weniger exotisch als früher. Sie haben allerdings wenig mit Mode zu tun. Sein schwarzer Seidenmantel gibt ihm ein gewichtiges Aussehen. Was ist er? Ist er der Kollektor für die Synagoge? Sicher nicht! Er ist ein Nachfolger des großen jüdischen Mystikers, der im 18. Jahrhundert in Polen lebte; der Gott in der Einsamkeit der Karpaten suchte, Ihn aber in der Freude seines eigenen Herzens entdeckte. Er sieht aber nicht sehr freudig aus, werden Sie ausrufen. Ah! warten Sie nur, bis Sie ihn in der Synagoge sehen, tanzend und sich wiegend mit der Schriftrolle – da wird sichtbar, wes Geistes Kind er ist.

Und die Frau dort, mit ihrer Perücke, einer üppigen kastanienfarbigen Angelegenheit. Sie tut das nicht aus Eitelkeit, sondern um des Allmächtigen willen. Tatsächlich, all die Sonderbarkeiten des jüdischen Lebens spiegeln die Sonderbarkeit von Gottes Willen. Da gibt es kein Detail, in das Er sich nicht eingemischt hätte, nichts ohne Sein Siegel. Was bedeutet das Zopfbrot in den Läden? Es ist die letzte Erinnerung an die Schaubrote, die nach der Zerstörung Jerusalems übrigblieb und in den Bäckerläden landete. Die kleinen Metallkästen an den Außenpfosten jüdischer Türen sind praktisch für jüdische Almosensammler, sie weisen auf etwaige Spender hin. Ihren Ursprung jedoch haben sie in einer der letzten Reden des Mose, als ihn die Angst zerriß, daß sein Volk vergessen könnte, was es mit eigenen Augen gesehen hatte. Wenn man einmal angefangen hat, in einer jüdischen Vorstadt die Spuren Gottes zu sehen, findet man sie überall. Es gibt nichts, das nicht von Seiner Gegenwart geformt oder angerührt wäre. Ein Stück Verputz ist im Winkel eines Zimmers heruntergefallen. Das ist merkwürdig, denn der Raum sieht so neu dekoriert aus. Der Verputz war nie da. Sein Fehlen erinnert die saturierten Bewohner, die sich soviel Mühe gegeben haben mit den Möbeln und Vorhängen, an die Tragödien ihres Volkes. Es erinnert sie sogar in ihrem Überfluß daran, daß dieses Zimmer Teil eines vorübergehenden Zustands ist und daß ihr wirkliches Zuhause woanders ist, nicht in einer anderen Vorstadt, nicht in einem anderen Land, sondern in einer anderen Welt.

Wir machen Knoten in unsere Taschentücher, um uns an etwas zu erinnern. Die Pharisäer und die Rabbiner machten überall Knoten und in alles. Die Küchengeräte, das Salzfleisch, der seidene Mantel, alles weist nach oben, über die Logik der Welt hinaus, auf ihren Schöpfer. Das ist ein Problem für den frommen Touristen, dem die jüdischen Vorstädte nicht sehr großartig zu sein scheinen. Es ist alles recht interessant und merkwürdig, aber weder spirituell noch schön. Die kleinen Gruppen schwatzender Männer und Frauen in ihrem besten Staat auf dem Weg zu und von der Synagoge scheinen nicht die innere Glut von Menschen zu haben, die sich einer mystischen Erfahrung oder Vereinigung nähern oder von ihr kommen. Deshalb ist es sehr leicht, diese kleine Welt mißzuverstehen, und ich muß dem Außenstehenden einen Ratschlag geben, mag er nun Christ oder heutzutage sogar Jude sein.

Ein Christ sollte daran denken, daß, obwohl diese Welt für ihn fremd ist, sie es für Jesus und die Apostel nicht war. Sie hätten sie wiedererkannt. Jesus hat nie in seinem Leben anderes als koscheres Essen gegessen, und seine Kleidung hätte jeden Test in einem Laboratorium für koschere Kleidung bestanden. Ja, das gibt es tatsächlich – es werden viele Einschnitte in das Gewebe gemacht. Wenn es den Test bestanden hat, wird es als koscher erklärt; ob es dann noch tragbar ist, weiß ich natürlich nicht! Die schwatzenden Menschen und ihre Diskussionen auf dem Weg zum Sabbatgottesdienst wären Jesus sehr vertraut gewesen. Es ist in der Tat die einzige Form des Gottesdienstes, bei dem Er und Seine Jünger sich zu Hause gefühlt hätten und dessen Gebete sie auswendig gekannt hätten. Wie die meisten Juden liebte er Parties und gutes Essen. Die Juden lieben Hochzeiten und Wein und haben für gemästete Kälber viel übrig. Jesus bewegte sich in einer jüdischen Welt. Gehen Sie durch eine jüdische Vorstadt. Am Freitagabend sind die Kerzen im jüdischen Heim angezündet. Schauen Sie hinauf! Dort oben im Zimmer einer jüdischen Wohnung segnet ein Mann Brot und Wein und teilt sie an seine Familie aus.

Die meisten Juden finden ihre Vorstädte verwirrend, denn

es gab einen Bruch in ihrer Tradition. Die Knoten gibt es noch, und die Juden knüpfen sie noch, aber nur wenige wissen, woran sie erinnern sollen. So ist das Judentum eine Religion des Knotenmachens um seiner selbst willen geworden. Viele Juden sehen die Details, ohne den Grund dafür zu kennen, und so sind für sie die Knoten selbstverständlich sehr sonderbar. In dieser Situation wird die Religion ein Sammelsurium alter soziologischer Verhältnisse, ein Raritätenladen religiöser Antiquitäten. Die offene Gesellschaft, der Massenmord und die großen Wanderungen haben die Traditionen gebrochen, die bis in die Tage Hillels und sogar noch weiter zurückgingen, bis in Esras Zeit und vielleicht noch weiter bis in die Zeit des Mose und der jüdischen Vorgeschichte. Die Verhaltensmuster sind geblieben, aber ihr Ursprung und innerer Sinn sind der lebendigen Erinnerung verlorengegangen. Das Judentum ist eine Religion für Eingeweihte, für Außenseiter ist der Zugang schwierig. Zu den Außenseitern jedoch gehören heute möglicherweise die meisten Juden.

Es ist unverkennbar, daß die Welt der jüdischen Vorstädte nicht mehr heil ist, denn Zeichen des Verfalls gibt es überall. In einigen Läden ist koscher ersetzt durch »Lebensmittel nach jüdischer Art« – der Sinn ist von der Theologie auf die Gastronomie verschoben. Wer am Sabbat zur »Schul« geht, ignoriert deutlich diejenigen, die fahren. Beide fühlen sich unbehaglich, wie auch die noch größere Zahl derer, die verbotenen Kaffee in nicht koscheren Cafébars trinken und damit den Sabbat profanieren und das Geheimnis der Schöpfung, an das er erinnert.

Die jüdische Gemeinde in London ist ein Beispiel: durch harte Arbeit, Begabung und Dynamik wanderte sie aus der Armut des East-End zur Behaglichkeit von Stamford Hill. Von dort gelangte sie zu den Freuden von Golders Green und der Euphorie der Gartenvororte. Auf dieser Wanderschaft zum guten Leben wurde viel alter religiöser Ballast über Bord geworfen. Nur wenige möchten noch einmal die Rückreise antreten. Das Judentum ist keine Religion, die eine romantische Haltung ermutigt, obwohl es mit der Nostalgie spielt. Es hat sich nicht nur um eine geographische Reise gehandelt, es war auch eine Reise durch Geschichte und Theologie. Eine normale Familie hat die Reise aus der mittelalterlichen Frömmigkeit in den aufgeklärten Materialismus in lebendiger Erinnerung. Gerechtigkeit kann die Reise überleben, es gibt genug Aufrufe für wohltätige Zwecke in der Vorstadt, aber Heiligkeit ist eine zartere Pflanze, und ihr Überleben ist gefährdet. In manchen Familien werden Milch- und Fleischprodukte traditionsgemäß getrennt aufbewahrt. Als während des Krieges die Bomben fielen, gerieten Milch- und Fleischwaren durcheinander und wurden dann nicht mehr getrennt. Und für viele Familien spiegeln sich die Komplikationen des modernen Lebens in einer noch merkwürdigeren Art in ihrem Kühlschrank wider – einer dreifachen Teilung: Milch, Fleisch und Verbotenes! Dem Außenstehenden scheint die Aufmerksamkeit, die Juden auf das Essen verschwenden, übertrieben. Aber die Eingeweihten wissen, daß die Essensfrage, wenn auch weit hergeholt, einen rituellen Sinn hat, daß sie Reinheit bedeutet und das Überleben von Heiligkeit. Diese Details scheinen klein, fast trivial zu sein, aber das Judentum ist eben eine Religion der Details. Die Schriftgelehrten, Pharisäer und Rabbis dienten Gott durch das Detail. Aus kleinen Dingen schufen sie ihren meisterhaften Plan für ein gerechtes und heiliges Leben.

Hier eine Warnung – man darf dem Judentum nicht mit einer nichtjüdischen Mentalität gegenübertreten, denn dann wird man es unterschätzen oder sich verwirrter denn je abwenden! Man darf Details nicht unterschätzen und erhebenden Abstraktionen nicht zuviel zutrauen! Auf diese Art offenbarte sich Gott nach jüdischer Erfahrung nicht. Wenn man sich durch die Thora durcharbeitet, findet man 613 Gesetze in einer sehr verwirrenden Anordnung. Es gibt viele Bäume, aber es ist fast unmöglich herauszufinden, nach welchem Plan dieser Wald angelegt ist. Es wurden viele Versuche gemacht, dieses seltsame Erbe zu erhellen und zu systematisieren. Seit Jahrhunderten haben sich jüdischer Intellekt und jüdisches Genie dieser Aufgabe gewidmet: in der Mischna und Gemara der Rabbinen, dem »Gedeckten Tisch« von Karo im Mittelalter und auch in den Codices des Maimonides

– des jüdischen Aquinaten –, aber alles blieb erfolglos. Im Gegenteil, der Wald wurde nur noch waldiger. Die ursprünglichen 613 Gesetze haben sich wie Amöben geteilt, und man würde jetzt einen Computer brauchen, um ihre unendlichen Variationen zu registrieren. Das ist sehr ermutigend, denn nur totes Material kann analysiert und seziert werden. Bis vor kurzem jedenfalls war das jüdische Gesetz mit seinen Myriaden Details herrlich lebendig. Wie alles Lebendige, eine Pflanze, ein Kind, wächst es, keinem logischen Prinzip, nur seiner inneren Anlage folgend, die ihre eigene Vernunft und Vitalität hat. Es ist wie alles Lebendige den Gesetzen der Krankheit und des Verfalls unterworfen. Kein Zustand kommt zufällig, aber keiner folgt den Gesetzen griechischer oder römischer Logik. Der Herr der Heerscharen wie auch Sein Volk, das Haus Israel, folgen leidenschaftlich einer eigenen Logik und einem eigenen Formalismus. Daraus kann man sehen, daß es nicht notwendigerweise Trickfragen waren, die Jesus von den Pharisäern gestellt wurden. Es waren dieselben Fragen, die sie sich selbst untereinander stellten und die sich ihre überlebenden Nachkommen bis zum heutigen Tag gegenseitig stellen.

Auch die Evangelien bedienen sich dieser Form, denn sie beschreiben das Leben eines Juden in einer jüdischen Welt. Die Sakramente werden nicht in einer förmlichen Liste entsprechend ihrer Wichtigkeit vorgestellt, sondern sie erwachsen aus den Umständen des Lebens. Die Evangelien folgen den Wegen jüdischer Erfahrung. Sie gebrauchen die Symbole jüdischer Empfindung, aber sie geben ihnen eine andere Dimension und formen sie um. Und alle Figuren in den Geschichten der Evangelien sind heute noch erkennbar in den Resten alter rabbinischer Gettos, die übriggeblieben sind. Auch in ihrem Verfall kann man in der jüdischen Vorstadt und seinem Leben mehr über den Ursprung des Christlichen erfahren, als die Gelehrten realisiert haben. Paradoxerweise wird erst seit der großen Zerstörung jüdischen Lebens diese Welt, die eine lebendige Kontinuität mit dem Leben Jesu hat, überhaupt untersucht.

So wollen wir versuchen, das Puzzle zu lösen. Wir wollen versuchen, den Heilsplan zu sehen, den diese Details voraussetzen. Hierzu ist die Geschichte hilfreicher als die Theologie. Die erstere ist heilig, sie beinhaltet »die Generationen« der Bibel. Letztere ist ein späterer Import, dessen fremde Wurzeln noch augenfällig sind. Der Schlüssel zu diesem Puzzle findet sich in einer andern Stadt, in der Tragik der belagerten Stadt Jerusalem im Jahre 70 der heutigen Zeitrechnung. Die Juden bekämpften den Rest der Welt und verloren, nur Jerusalem ist übriggeblieben. Es ist umgeben von den Armeen des Titus, die Nahrung wird knapp, und die Spannung steigt. Manche sagen, daß Gott seine Stadt nie im Stich lassen wird. Manche sagen das noch heute, aber es klingt nicht sehr überzeugend, denn Jerusalem ist schon früher oftmals gefallen. Für andere ist die einzige Antwort ein heldenhafter Tod, eine Verteidigung bis zum letzten Mann. In dieser Lage tritt ein Führer der Pharisäer auf, der bedeutende Rabbi Jochanan ben Zakkai, und sein Rat lautet »Übergabe«. Sie schelten ihn einen Kollaborateur. Im Deuteronomium gibt es einen Text, in dem es heißt: »Diese Gesetze sind gegeben, damit der Mensch mit ihnen leben soll.« Für ihn und seine Partei war die Pflicht das Leben, nicht der Tod; »mit ihnen leben« – nicht für sie sterben. Heldenhafter Tod ist ein heidnischer Luxus. Nur lebendig, selbst unter Demütigungen, kann man Gott dienen. Die Thora ist kein Buch der Toten, sie ist ein Buch für die Lebenden. Die Toten kennt sie kaum. Für den Juden sind sie in Gottes Reich, die Lage der Lebenden ist komplizierter.

Jochanan wurde von seinen Schülern in einem Sarg aus der belagerten Stadt herausgeschmuggelt und vor Titus geführt, der ihn als einen edlen Überläufer im Namen Roms grüßte. Viele Dinge wurden ihm angeboten, er erbat aber vor allem die Erlaubnis, eine Schule in einem Ort namens Javneh zu eröffnen – eine bescheidene Bitte, die sofort gewährt wurde. Die Seltsamkeit dieser Bitte hätte den Römern zu denken geben sollen. Aber sie unterschätzten leicht die Kraft, die Demut und die Stärke der Ideen. Stalin war nicht viel anders, als er fragte: »Wieviel Divisionen hat der Papst?« Stellen wir uns ähnliche Situationen in unserer Zeit vor. Nehmen wir einmal an, Hitler wäre 1941 die Invasion in England gelungen, der Widerstand wäre fast zusammengebrochen und der Erzbischof von Canterbury wäre in dieser Lage zum Verräter geworden und hätte seinen eigenen Frieden gemacht. Seine Belohnung? Die Erlaubnis, ein theologisches Seminar in Cumberland einzurichten.

Aus der kleinen Schule von Jochanan ben Zakkai, die er mit dem Opfer von Patriotismus und Stolz gründete, stammt der Entwurf, der bis heute gilt, dessen Auslegung die Juden noch folgen, denn er wurde durch keinen anderen ersetzt. Die Niederschrift der Gespräche, die in Javneh und in den von hier ausgehenden Schulen geführt wurden, bilden den Talmud. Diese Sammlung ist das Atelier, die Werkstatt, aus der alles spätere Judentum hervorging. Es ist das Denkmal und der Ruhm der Pharisäer und ihrer Schüler. Es ist ein gewaltiges, unordentliches, weitschweifiges Werk. Tausende von Menschen werden zitiert – manche Heilige, manche Sünder. Es ist ein Dickicht von Argumenten und Debatten, durch das der Leser sich einen Pfad schlagen muß; dazu braucht man Frömmigkeit und Klugheit.

Versuchen Sie nicht das Endresultat zu finden. Das kann nur in dem auf dem Gesetz ruhenden Leben, wie es von der großen Mehrheit der Juden bis in die heutige Zeit gelebt wurde, gesehen werden. Man kann heute noch diese Art zu leben in der jüdischen Vorstadt finden. Die offene Gesellschaft hat große Eingriffe bewirkt, aber dieses Leben ist noch wahrnehmbar. Auch wenn moderne Juden bewußt versucht haben, mit der Vergangenheit zu brechen und ihren Glauben und dessen Bindungen aufgegeben haben, sind sie doch nicht frei. Selbst gegen ihren Willen spiegeln sie in ihrer Haltung und in ihren Reaktionen, in der Art und Weise, wie sie denken und handeln, die Diskussionen von Jochanans Schule wider, den Weg seiner Schüler zu Gott.

Abgestoßen von der brutalen Gewalt des Römischen Reiches und den anscheinend zwecklosen Wortspielen Griechenlands, wandten sich Jochanan und seine Schüler ab von Philosophie und Theologie. Sie wandten sich zurück zum Mittelpunkt, der Thora selbst – zum Gesetz. Von einem

Rabbi jener Zeit wurde gesagt, daß er ein Prophet gewesen wäre, wenn er in einer anderen Zeit gelebt hätte, aber die Inspiration Gottes floß jetzt durch gesetzliche Kanäle. Gesetz und Inspiration scheinen kaum das gleiche zu sein. Aber für Juden ist das Gesetz seit Jahrhunderten eine aufregende Sache gewesen, eine leidenschaftliche Sache und, was noch schwerer vorstellbar ist, eine liebenswerte Sache, etwas, das man genießen, über das man sich freuen kann, mit dem man sogar spielen kann. Als die Christenheit sich vom jüdischen Gesetz trennte und sich dem Römischen Reich zuwandte, gewann sie eine Welt, aber sie zahlte einen hohen Preis. Unbewußt nahm sie den römischen Begriff von Gesetz an, und das Gesetz wurde großartig, eindrucksvoll, würdig und folgerichtig, aber äußerlich. Es hörte auf, für den gewöhnlichen Menschen eine Freude zu sein, ein Spiel, das er spielen konnte, ein Zeichen der Liebe, die er zeigen konnte. Nun ist zwar das jüdische Gesetz strenger, als irgendein weltliches Gesetz es je sein könnte, aber es wurde ohne Polizeimacht und Gefängnis Jahrtausende gehalten. Gewiß gab es Richter und Gerichte, aber in den Zeiten der Unterdrückung und Verfolgung hatten sie wenig Macht. Man hielt das Gesetz, weil es Liebe einflößte. Für einen Juden sind Gesetz und Liebe keine gegensätzlichen Begriffe, denn das Gesetz wurde aus Liebe gegeben. Darum hat das Volk Leben und Reichtum dafür aufgegeben, weil es nicht ohne es leben konnte. »Seine Wege sind Wege der Schönheit«, sagt die Liturgie, und »all seine Pfade sind Pfade des Friedens«.

Was bedeutet das Gesetz für einen Juden? Die Sprache, in der er es beschreibt, kann überschwenglich sein wie die Litaneien, mit denen die christliche Kirche Maria, die Heiligen und den Heiligen Geist anrufen. Das Gesetz machte aus einem zusammengewürfelten Haufen ein Volk und verlieh diesem kleinen Volk Größe. Mit seiner Hilfe überlebte es als einziges alle Völker der antiken Welt. Seinetwegen verfielen die Juden nie in Barbarei, auch wenn die Zivilisation selbst zusammenbrach. Durch seine Zucht verleiht es dem Volk Reinheit. Aus einem Geschäftsmann macht es einen Heiligen, und einfachen Leuten gibt es Würde. Aus einer gewöhnlichen Vorstadt macht es einen Prototyp des Gottesreiches. Die Würde und der Wert einer jüdischen Vorstadt haben nichts mit ästhetischer Schönheit zu tun, denn davon ist nur wenig zu finden, oder von irgendwelcher äußeren Großartigkeit. Das ist der Glanz der heidnischen Welt, und Juden sind weder Griechen noch Römer.

Es ist eine Binsenwahrheit, daß die Dinge nur von denen geschätzt werden, denen sie entzogen sind. Daher hat das Gesetz für die Juden ein besonderes Gewicht, weil sie so lange ohne es leben mußten. Gerichtshöfe hat es natürlich immer in jeder Gesellschaft gegeben. Gesetzesschulen florierten im Nazi-Deutschland, und auch in den sowjetischen Arbeitslagern wird es Gerichte geben. Das Machtgefüge des Gesetzes ist da, aber der Kern des Gesetzes nicht. Durch die Zeiten hindurch haben die Juden das Gesetz gehalten um seiner selbst willen, nicht weil es ein Machtinstrument ist. Diese anscheinende Machtlosigkeit des Gesetzes tilgte vielmehr den Unterschied zwischen den äußeren und inneren Geboten Gottes. Was am Anfang auf Stein geschrieben war und dann auf Bücher übertragen wurde, eroberte den Verstand und wurde schließlich ins Herz des jüdischen Volkes geschrieben. Es überlebte Unglück und Verfolgung. In den gewöhnlichen jüdischen Vororten, die sich um die modernen Städte drängen, spielt sich ein Drama ab, das die Juden und durch sie die ganze Menschheit beeinflussen wird. Wird das Gesetz Gottes die Kompromisse des Wohlstands überleben? Das moderne Leben zwingt die Menschen, am Rande ihrer selbst zu leben; ihr Geist ist auf die äußerste Grenze ihres Daseins konzentriert. Es nimmt den Mut zu jedem Weg nach innen. So wird das Gesetz von der tiefen Veräußerlichung, die sich im jüdischen Leben vollzieht, mitbetroffen.

In Zeiten wachsenden Wohlstandes werden die Menschen selbstsicher – oder besser, sie vertrauen auf das, was am wenigsten Mühe macht, was die geringste Wahrnehmungskraft erfordert. Was nicht mit den Sinnen wahrgenommen werden kann, hört auf, glaubhaft zu sein, weil es unsinnlich ist, und wird zu purem »Un-Sinn«. Im Judentum spielt sich ein Kampf ab, ein Test-Versuch – ob Gottes Wille im Wohlstand ebenso erfüllt werden kann wie in schlechten Zeiten. Dieser Kampf innerhalb einer jüdischen Vorstadt ist wichtig, weil er der Schlüssel zum »Fortschritt« der Welt ringsum ist. Können echte Großzügigkeit und wahres Wissen auch im Erfolg gedeihen? Manche Positionen wurden schon aufgegeben, und Gott wird aus der religiösen Praxis hinausmanövriert. Gebete werden zweifelnd gesprochen und an den gerichtet, »den es angeht«. Während dies geschieht, scheint sich nichts zu ändern, aber alles verwandelt sich. Die Synagogen werden Land-Klubs, und die Rabbiner werden Geschäftsführer der Gemeinde – in netten anthrazitfarbenen Anzügen und dazugehörigen Schlipsen. Diskussionen über jüdische Dinge werden ersetzt durch leere Reden über jüdisches Überleben. Im jüdischen Denken geht eine tiefe Veränderung vor sich, weil das Element der Heiligkeit erst außer acht gelassen wird und dann aufhört, verstanden zu werden. Gott hat aufgehört, sein Volk zu erwählen, nun kann es nur sich selbst erwählen. Damit ist seine Einzigartigkeit dahin, und es wird zum Schlußstück des Nationalismus des 19. Jahrhunderts, die Juden werden zu den letzten noch lebenden Anhängern Garibaldis. Und das messianische Reich hört auf, ein Gegenstand des Bewußtseins und Bedenkens zu sein. Die Gerechten mögen noch mit Kronen auf ihren Häuptern beim Festmahl sitzen, aber sie schauen nicht länger in das Antlitz Gottes. Das Fest ist eine ziemlich gewöhnliche Party geworden. Da es ungleich anderen Parties ewig dauert, wird es wahrscheinlich sehr langweilig sein.

Ist es gravierend, wenn diese Schlacht verloren wird? Es betrifft mehr als eine Krise in einer Vorstadt, es ist auch eine Krise in der Seele des jüdischen Volkes. Wir Juden haben ernsthaft versucht, Gott im Wohlstand und im Frieden zu finden. Wir haben für Sein Reich mit all den kleinen Details von Praxis und Verwaltung gearbeitet. Wir haben unsere Hausaufgaben gemacht, die Er uns gegeben hat. Wir haben den kleinen Dingen des Lebens große Aufmerksamkeit erwiesen und Seinen Willen in Komitees zu erfüllen versucht. Wir haben nicht die Absicht gehabt, aus religiösen Gründen die Welt auf den Kopf zu stellen und den gesunden Menschenverstand der Thora und des Talmuds durch Paradoxe zu ersetzen. Aber wenn es sich zeigen sollte, daß Gott nur im Unglück gefunden werden kann, wenn die Menschen über ihre Natur hinaus geprüft werden, und nur in Konzentrationslagern Sinn gefunden werden kann, dann sind wir an das Ende eines Weges gekommen. Wir müßten dann die Symbole von Hoffnung und von Wohlfahrt ersetzen durch solche des Leidens und sagen, daß ohne sie die Menschen nicht zu ihrem Vater kommen können. Das wäre das Ende des pharisäischen Judentums, was immer sonst auch an kulturellen Resten übrigbliebe. Es könnte sich nur einem Christentum ohne Christus zuwenden.

Daher ist für die Juden die Heiligung einer Vorstadt von ungeheurer Wichtigkeit. Für das jüdische Experiment ist es entscheidend, die Welt des Geistes mit der Welt, wie sie ist, zu vereinen und nicht mit einem Traum von einer Welt, wie sie sein sollte. Denn die Rabbis versuchen nicht, die Natur des Menschen und ihre Sehnsüchte zu verändern, sondern sie anzunehmen, wie sie geschaffen ist, die Gerechtigkeit ihres Handelns zu ordnen und ihrem Leben eine Dimension der Heiligkeit zu verleihen. Zwei Bilder gibt die Bibel uns für das messianische Königreich. Das eine findet sich in den Prophezeiungen von Jesaja und Jeremia. Die erlöste Stadt, so sagen sie, wird voll von Festen sein, den bei den Juden so beliebten »Simchos«. Der Lärm der Paraden und Hochzeitszüge wird die Straßen erfüllen. Die Menschen werden in ihren Gärten sitzen, und ihr Wohlstand und ihre Hypotheken werden gesichert sein, der Schrecken wird vergangen sein zusammen mit der Unsicherheit unserer Zeit. Das ist die Welt, die die Pharisäer und ihre Schüler zu erbauen trachten. Das ist die Vision, für die sie gearbeitet haben. Aber es ist nicht nur ein Bild irgendeiner Vorstadt in einer Zeit des Wohlstandes. Es ist eine Vorstadt, dessen Mitte Gott ist, die jeden siebenten Tag zu einem Vorgeschmack des Friedens macht, der über die Grenzen der politischen Welt hinausgeht. Verwoben in das Wohlergehen, werden die Zeichen von Gottes Gegenwart sein: die Perücken, die Koscher-Zeichen, die Zeitschalter, die am Sabbat vermeiden sollen, daß Funken entstehen, das

Zopfbrot, all die sonderbaren Wegweiser, die auf ein anderes Land hinweisen.

Leider gibt es auch ein anderes Bild. Wir finden es beim Propheten Amos, und das ist die verängstigte Stadt. Wird die Erkenntnis Gottes an einem Tag der Dunkelheit und nicht des Lichtes kommen? Können die Juden nur treu sein, wenn sie in Nöten sind? Diese Gedanken führen die Juden auf seltsame Wege, in das Zwielicht der Kabbala, in den Sog des Christentums. Das sind großartige Gedanken, aber für die Pharisäer war das Großartige immer tief heidnisch. Der Herr der Heerscharen ist so mächtig, daß er nicht der Großartigkeit des menschlichen Leides bedarf, um Seinen Plan zu vollenden. Er war groß genug, um Seinen Wohnsitz in unbedeutenden Vorstädten zu nehmen und Gesetze für Krämerläden zu erlassen – vorausgesetzt natürlich, daß sie Koscher-Zeichen hatten!

VIERTES KAPITEL

Heiligkeit am Abwaschbecken - das jüdische Heim

> Tretet in Frieden ein, ihr Diener des Friedens, Gesandte
> des Allerhöchsten, des Königs über die Könige der Kö-
> nige, des Heiligen, gepriesen sei Er.
>
> Sabbat-Hymnus für das Heim

> Rabbi Jose ben Juda sagt: Die Engel des Gottesdienstes
> begleiten den Menschen am Freitagabend von der Syn-
> agoge nach Hause, ein guter und ein schlechter Engel.
> Wenn er nach Hause kommt und die Lampe angezündet
> ist, der Tisch gedeckt, das Lager bereitet ist, sagt der
> gute Engel: »Möge es Gottes Wille sein, daß der nächste
> Sabbat ist wie dieser«, worauf der schlechte Engel, sogar
> gegen seinen Willen, sagt: »Amen«. Aber wenn dem
> nicht so ist, dann sagt der schlechte Engel: »Möge es
> nach Gottes Willen am nächsten Sabbat ebenso sein«,
> und der gute Engel, auch gegen seinen Willen, sagt:
> »Amen«.
>
> Talmud, Schabbat

Wenn die Christen anfangen, sich mit dem Judentum zu
beschäftigen, überrascht sie nicht so sehr das, was sie finden,
sondern das, was fehlt. In der Mitte ist ein Loch, und es ist
genau da, wo der Tempel sein sollte. Die Priester und Opfer
gibt es nicht mehr. Es gibt keine Brandopfer, keine Sakramente, kein Mysterium. Katholiken empfinden das noch
stärker als Protestanten. Sie erkennen eine organische Verbindung mit dem traditionellen Judentum an, aber sein Zentrum scheint so kahl zu sein wie die strengste protestantische
Sekte. Wo ist alles geblieben?
Mir scheint, sie suchen am falschen Platz. Die jüdische Geschichte wollte nicht Triumphalismus, sondern Demut. Was
sie erwarten, ist eher in Canterbury oder in Rom zu finden.
Da gibt es Prozessionen, dort ist der Treffpunkt der Gläubigen und die Verwaltung einer zerstreuten religiösen Welt.
Da residieren auch Hohepriester, und die Geistlichen
und Kurienbeamten sind das moderne Gegenstück zu den
Cohens und Levys des Pentateuchs. Die Parallele, nämlich die

Mischung von Geschäft und Mysterium, ist nicht zu übersehen. Die Juden sehnen sich natürlich nach denselben Dingen, und der »Hechal Shlomo« in Jerusalem ist eine Art Vatikan, ein richtiger, verkleinerter Vatikan. Es ist bezeichnend, daß er in einer Zeit des Selbstvertrauens gebaut wurde, nach den frühen Triumphen des Staates Israel.

Aber wenn Christen und Juden sich von ihrem eigenen Stolz und Triumphalismus lösen, erinnern sie sich, daß die Propheten, die Pharisäer wie auch Jesus abseits dieser äußeren Größe standen. Es ist kein Zufall, daß alle schlechten Könige Israels große Baumeister waren, aber die guten hinterließen nicht sehr viel. Weil sie unbeschwert waren, konnten sowohl die Nachfolger des Nazareners als auch die Pharisäer die Grundlagen für neue Dinge legen, nachdem die alte Schale zerbrochen war. Der Geburtsort des christlichen Geheimnisses war nicht der Tempel, sondern ein Raum im ersten Stock eines Fremdenheims in Jerusalem. Die Dinge, die Jesus an jenem Abend sah und berührte, könnte er auch heute in einem traditionellen jüdischen Heim finden. Der große Tempel hörte auf. Ein Teil seines Erbes, seltsam vermischt mit der lateinischen Kultur Roms, wurde in die christliche Kirche aufgenommen. Im Judentum ging das Erbe in die private Sphäre des Heims über.

Der Eintritt dieses Flüchtlings, dieser gefallenen Größe, verklärte das Wesen des Hauses und seiner Bewohner. Der Vater wurde Priester, die Mutter Priesterin, und der Eßtisch wurde zum Altar. Sogar die Ausstattung des Allerheiligsten im Tempel ruht nun neben dem Salzfaß, dem Senftopf und der Saucenflasche. Die Kerzen, die Kleider, das Weiß des Tischtuchs brachte die Heiligkeit und das Mysterium ungeheurer Geschehnisse in die Bereiche täglichen Lebens. In der Welt des rabbinischen Judentums betont die Synagoge das Tun und Wissen, aber das Heim war mit dem Sein befaßt, mit Erinnerung und Erfahrung.

Wegen des neuen Bewohners wurde das jüdische Heim ein Treffpunkt für natürliche wie auch übernatürliche Wesen. Diese Gastfreundschaft beeinflußte die jüdische Küche. Sie bevorzugt nicht Gegrilltes oder in der Pfanne Gebratenes, sondern Eintopfgerichte und dicke Suppen, die sich endlos strecken lassen.»Alle, die ihr hungrig seid, kommt und eßt!« sagt der Zelebrant, der Vorsteher beim Passahmahl im jüdischen Heim. In der Messe oder Eucharistiefeier gibt es ähnlich einladende Worte zu einem geistigen Mahl. Bei den Juden ist das Mahl auf einer anderen Ebene der Wirklichkeit, aber es findet sich die gleiche Großmütigkeit und Selbstlosigkeit. Das Heim war traditionell offen für alle Freunde Gottes, wo immer sie lebten. Es gibt die Armen, die Verwitweten, die Waisen, die Flüchtlinge und die Fremden; sie alle werden wieder und wieder in den fünf Büchern Mose erwähnt. Und mit ihnen kommen Wesen anderer Art, Bekannte Gottes, die Geschöpfe, die sozusagen den interstellaren Raum bewohnen und den Raum, der zwischen uns und dem Göttlichen liegt.

Die Spuren des unsichtbaren Gastes sind überall, Zeichen Seiner Vermählung mit dem Haushalt von Israel. Stellen aus dem Deuteronomium werden in kleinen Metalldosen an den Türpfosten aufbewahrt, und die Frommen küssen oder berühren sie bei ihrem Eintritt, jetzt in immer kleinerer Zahl. Im Schrank stehen zwischen den Gläsern und Karaffen die Leuchter für die Sabbatlichter und der Kelch für den Wein, der gesegnet wird, und zwischen den Servietten liegt das Tuch für das Sabbatbrot, das ebenfalls gesegnet wird. In den Schränken mischt sich Heiliges und Weltliches ungezwungen miteinander, denn alle Dinge können verwandelt werden, wenn sie für Gott gebraucht werden. Cocktailschränkchen und Küchenschubladen sind die Sakristei für die häusliche Liturgie.

Und der Verlauf des liturgischen Jahres macht sich für den Juden bemerkbar durch Geruch und Geschmack, durch die Küchendüfte. Die Sinne vermitteln ihm die veränderte geistliche Stimmung. Theologien ändern sich, und der Glaube mag sterben, aber die Gerüche bleiben in der jüdischen Erinnerung und rufen ihm die Kindheit zurück und die Kindheit des jüdischen Volkes. Welche Gebete er auch vergessen mag, der gastronomische Zirkel bleibt. Passah ist das Brot der Armut, mit Tränen von Salzwasser, dem Meerrettich der Bitterkeit. Rut ist Sahne und Käsekuchen und Neujahr die Süße von Honig und Äpfeln. Ester kommt mit Mohnsamen und die Makkabäer mit Nüssen. Diese köstliche Litanei setzt lediglich aus, um an Zerstörungen in vergangenen Zeiten zu erinnern oder um Tage zu markieren, an denen man der Sünden von heute gedenkt. An diesen tragischen und traurigen Tagen wird vollständig gefastet und die Küche, das Herz und die Seele des jüdischen Heimes, setzt für einen Augenblick aus, und diese kleine Welt wird dunkel.

Hineinverwoben in all diese Freude sind die dunkleren Fäden, um die Bewohner zu erinnern, daß Häuser keine ewige Dauer haben und daß das Ende der Reise die ewige Heimat ist, nicht eine Nachahmung in irgendeiner Vorstadt. Die unverputzte Wand zeigt an, daß es hier keine bleibende Stätte gibt und daß die Juden noch immer ein wanderndes Volk sind wie Abraham ihr Erzvater. Allerdings wandern wir nicht mehr durch Wüsten, von Oase zu Oase, sondern von einer Großstadt in die andere. Wir sind noch immer die Nomaden Gottes, trotz all unserer Spitzfindigkeit, die Hebräer, die »ovrim«, was von manchen als Volk, das vorüberzieht, erklärt wird. Diese beunruhigende Mischung beunruhigender Erfahrungen versetzt all unser religiöses Glück mit einem Tropfen Wermut. Jüdische Erfahrung hat immer einen bittersüßen Geschmack.

Am Schluß der Hochzeitsfeier, bevor alle fortgehen, tritt der Bräutigam auf ein Glas und zerbricht es. Er erinnert sich selbst an traurige Dinge, daß das Liebesverhältnis schwer aufzubauen und leicht zu zerbrechen ist. Wir erheben ein Glas Wein beim Passahmahl zur Erinnerung an die Befreiung aus der Knechtschaft Ägyptens, aber bevor wir trinken, verschütten wir zehn Tropfen, die uns an die Leiden der Ägypter während der Plagen erinnern. Zur Erntezeit errichten wir im Garten Hütten, schön mit Blumen und Früchten geschmückt, aber nach dem Gesetz muß oben ein Loch sein, offen für Wind und Regen. Es ist nicht nur Erinnerung an die Ernte und an die Güte und die Großmut Gottes, sondern auch an die Schäbigkeit der Menschen. Es erinnert an die Flüchtlingszelte, die während der vierzigjährigen Wanderung durch die

Wüste gebaut wurden und wie sie auch in unserer Zeit nach jedem großen Krieg bewohnt werden.

Auf diese Weise wird die Geschichte des jüdischen Volkes ein Teil des Juden. Er nimmt sie in seine Verdauung und in sein Gedächtnis auf. Sie ist keine Theologie, sondern eine Erfahrung, die ihn an eine lange Vergangenheit bindet, ein Geschmack im Mund, ein Geruch, der noch um seine Nase streicht. In der Synagoge sucht er Gott mit seinem Verstand zu erkennen, aber in der Intimität seines Heims gesellt Gott sich zu seiner Familie, und mühelos erfüllt Seine Gegenwart den Raum, so natürlich wie der Geruch und Geschmack der religiösen Symbole. Und mit Ihm kommen andere Gäste, die den unendlichen Abstand bewohnen, der Gott und Mensch trennt. Einige besuchen auch die Synagoge, aber die meisten ziehen das Heim vor, denn sie sind nicht aus Lehrbüchern geboren wie der Golem, der künstliche Mensch des Rabbi Loeb. Sie sind vielmehr geboren aus den lebendigen Erfahrungen von Menschen, die sie sozusagen gesehen und ihre Gegenwart gefühlt haben. Wenn der Sabbat kommt, treffen sich die Bewohner, natürliche und übernatürliche, um die Schöpfung, den Geburtstag der Welt, zu feiern. Sie sind vereint zu einer Geburtstagsfeier bei Kerzenlicht, Wein und Brot. Wie bei allen familiären Feiern wechseln die Bräuche von Haus zu Haus. In einigen Synagogen wenden sich die Versammelten zur Tür, wenn die Sabbat-Braut eintritt. Sie begleitet sie nach Hause und bringt jedem ein Geschenk – eine besondere Seele für diesen Tag. Die alten sind im Laufe der Arbeitswoche ziemlich schäbig geworden. Mit ihr kommen die dienenden Engel, die Boten des Friedens, mit ihrem Segen in den überfüllten Raum hinein. Und es gibt noch seltsamere Gestalten. Elija, der stürmischste der Propheten, taucht am Schluß des Sabbats auf, verwandelt in den Freudenboten, der die gute Nachricht von der kommenden Erlösung bringt und von dem vollendeten Sabbat, den es einst geben wird. Das Haus ist ein bewohnter Tempel geworden, und die Bewohner sind nicht mehr die gleichen, auch nicht ihre Beziehungen zueinander. Das Licht einer anderen Welt spielt um einige sehr weltliche Menschen – es verleiht ihnen

Heiligenscheine, die sie sonst nicht hätten. Der Vater, der während der übrigen Woche vielleicht Schneider oder Reisender ist, offenbart eine andere Natur. Mit bedecktem Haupt und weißem Hemd, den Becher mit Wein zur Heiligung erhoben, ist er der Priester, der den Haushalt reinigt, dessen Aufgabe die Reinigung der Welt ist. Die Sprache scheint exaltiert, aber sie ist doch genau. Immerhin ist er ein Mitglied von Gottes erwähltem Volk, »einem Königreich von Priestern und einer heiligen Nation«. Das ist nicht einfach Größenwahnsinn oder religiöse Maskerade, sondern ziemlich exakte Theologie.

Am Freitagabend wendet sich diese priesterliche Gestalt zu einer gewöhnlichen Hausfrau in der Vorstadt und redet sie an. Er begrüßt sie mit Worten aus dem Buch der Sprüche. Sie sei, sagt er, eine wackere Frau und ihr Wert höher als Rubine. Die Ältesten preisen sie im Tor, wie es auch ihre guten Taten tun. Dieser erhabene Stil mag einem in die Familie eingeladenen Außenstehenden bizarr erscheinen. Er ist es nicht für die Juden, die daran gewöhnt sind, daß die Mickrigkeit ihres Lebens mit einer außerordentlichen Kraft verbunden ist, die das Geringe erhöht und das Mächtige erniedrigt. Aus einem ganz gewöhnlichen Pantoffelheld ist ein Patriarch geworden, ohne jede Befangenheit. Vor dem Mahl umfaßt er seine Kinder mit den Händen. Die Knaben werden gesegnet wie Ephraim und Manasse, die Mädchen wie Sarah, Rebekka, Rahel und Lea. Es wird eine Brücke geschlagen über die Zeiten in eine so entfernte Vergangenheit, daß die Historiker sie kaum erreichen können, aber die Juden können es im Gebet.

So werden im Heim die Bindeglieder geschmiedet, die das Transzendente mit den gewöhnlichen, bekannten, vertrauten Dingen des Lebens verbinden und eine Generation mit der anderen. Sie werden zu kräftigen Bindegliedern in der Kette der jüdischen Tradition. »Geschichte« ist für das Hebräische ein zu abstrakter Begriff. Es kennt »die Generationen«. Bei jedem Mahl wird die Bedeutung der Tradition sichtbar, die Weitergabe von Erfahrung und Empfindung sowie von Worten. Im späteren Leben verschwinden oft die Worte, denn die moderne Gesellschaft ist auch dem Judentum nicht förderlich, aber die Erfahrung bleibt. Das Übernatürliche hat wenigstens für einen Augenblick das menschliche Leben angerührt, und es kann nicht wegerklärt oder beiseite geschoben werden.

Große Traurigkeit herrscht in einem jüdischen Haus, wenn kein Kind da ist. Geschichten werden noch erzählt, und Lieder werden noch gesungen, aber da ist keiner, dem man dieses Erbe weitergeben könnte, und ein wichtiges Gebot kann nicht erfüllt werden. Ein Kind wird verwöhnt und verhätschelt, denn ohne es ist alles vergebens. Es ist ein Unterpfand von Hoffnung, ein Neues, wieder eine Chance. Vielleicht sehen seine Augen, was unsere nicht gesehen haben – die messianische Erlösung. Es ist ein Schritt weiter auf das Ende der Dinge zu. Wenn »uns ein Kind geboren wird«, werden die Juden religiös, denn es ist ein messianisches Ereignis. Wenn auch die Eltern nicht glauben, vielleicht werden ihre Kinder es tun. Es ist ein weiterer Pulsschlag im Werk der Erlösung.

Wie immer Er Sich auch später zeigen mag, am Anfang offenbart sich Gott dem jüdischen Kind durch Freundlichkeit. Er ist der Honig auf dem Kuchen, den das Kind erhält, wenn es zu seiner ersten hebräischen Stunde geht – damit das Gesetz seinem Mund süß sei. Er ist die Banknote, die aus den Seiten seines ersten Religionsbuches herausfällt, um auf die anderen Schätze zu verweisen, die es darin finden wird. Er offenbart Sich in den kleinen Sabbatgeschenken, in Spielzeug, Buntstiften und Süßigkeiten, es sind auch Seine Versteckspiele mit dem ungesäuerten Brot, die zu Passah die Liturgie abschließen. Er ist fast Sankt Nikolaus, aber nicht ganz. Schon früh im Leben weiß jedes jüdische Kind, daß Gott ein anderes Gesicht hat. Am Familientisch werden andere Geschichten erzählt, Geschichten von Verfolgungen und Leiden, nicht aus einer heroischen Vergangenheit, sondern einer schrecklichen Gegenwart. Das Kind versteht sie kaum, aber es spürt die Besorgnis, die über dem Tisch liegt, und wie die Älteren flüchtet es sich in die bergende Überlieferung, die seine Festung und Zuflucht ist.

Die Überlieferung gibt auch Parties. Wann immer Gott das Heim besucht oder man sich an Seine rettenden Taten erinnert, wird eine Party gegeben. Spiele und Segen wechseln ab.

Neben dem gesegneten Brot und Wein findet sich geräucherter Lachs und Hühnersuppe. Gebete werden von Späßen und Gelächter unterbrochen, und Wärme und Glück verwandeln die Teilnehmer. Die guten Dinge dieser Welt und der nächsten kommen zusammen, und hier, nicht in der Synagoge, findet man den Vorgeschmack des immerwährenden Sabbats, das für die Gerechten bereitete Fest und die Freuden des Reiches. Für einen Augenblick ist in diesem unserem Leben die Einheit erreicht, und für den Rest der Woche leben wir von der Erinnerung. Wenn der Sabbat zu Ende geht, wird eine mit Glöckchen verzierte silberne Gewürzdose herumgereicht. Dadurch wird die Familie in den kommenden Wochentagen sich der besonderen Gnade erinnern, die sie erhielten, wenn sie sich den Duft und das Klingeln der Glöckchen ins Gedächtnis rufen.

Diese Feste, die so schlicht und ungezwungen erscheinen, sind in Wirklichkeit Kunstwerke. Sie sind die Blüte des rabbinischen Judentums. Die Verbote und Gebote des Gesetzes sind nicht um ihrer selbst willen da, als Buße oder Kasteiung, sondern um Erfahrung zu vermitteln. Die Gesetze für den Sabbat sind in ihren Details endlos. Es dürfen keine Maschinen benutzt werden. In dieser Nacht sollten Mann und Frau ehelichen Verkehr haben, vorausgesetzt, daß die Frau nicht ihre Regel hat. Zeitschalter sind erlaubt. Es darf kein Geld angefaßt werden. Rasseln sind wahrscheinlich erlaubt, um schreiende Kinder zu beruhigen – dafür kann sogar das strikteste Sabbatgesetz außer Kraft gesetzt werden. Der menschliche Erfindungsgeist wird angeregt, damit sich die Menschen behaglich fühlen können, selbst wenn Gott »nein« sagt. Es werden besondere Gerichte gegessen, die der Bäcker in seinem Ofen fertig macht, wenn Freitag nachts das Feuer ausgeht. Sinnreiche Apparate, wie Samoware, werden vor Beginn des Sabbats angezündet und liefern endlose Tassen Tee. Selbst die Hausfrau und das Au-pair-Mädchen haben endlich Ruhe mit der gesamten Schöpfung.

Denn das ist der Zweck aller Gebote und Verbote – Ruhe. Jedes ist wie ein Pinselstrich auf einer Leinwand. Einzeln haben sie keinen Sinn. Zusammen sind sie ein Kunstwerk. Einmal in sieben Tagen kehrt die Familie in einer modernen Stadt zum Rhythmus längst vergangener Zeiten zurück. Sie kehrt im Geist zurück in eine ruhigere und natürlichere Welt, ohne Zeitungen und Erfolg, Geld, Streß und Apparate. In der Stille können sie sich vom äußeren Frieden zum inneren Frieden wenden, der leichter zu erfahren als zu verstehen ist. Eine gewöhnliche Familie, gefangen in Druck und den Eitelkeiten der Welt, erfährt den siebenten Tag mit seiner Besinnung und seinem langsamen Rhythmus.

Es gibt die Idylle noch, aber bei den meisten Juden ist sie an die Grenze seiner Erinnerung gerückt. Die Welt ist zu kompliziert geworden. Ein äußerer Feind hat aufgehört, uns zu verfolgen, aber ein anderer bedroht unseren Geist. Die säkulare Welt bedroht unseren Werktag nicht. Ausschüsse tagen, es wird für wohltätige Zwecke gesammelt, Familien und Gemeinden arbeiten emsig füreinander. Das Opfer an Zeit, Geld und Aktivität hört nie auf, wie die Opfer für Gott in alten Zeiten. Es ist der siebente Tag, der in Gefahr ist, dort wird die Krise fühlbar.

Es ist keine Krise wegen dieser oder jener Kleinigkeit, es ist eine Krise, die das Wesen des siebenten Tages betrifft. Wofür arbeiten wir? Wem widmen wir unsere Aktivität? Wozu sind wir auf diese Erde gekommen? Wenn diese Dinge nicht klar sind, werden selbst die guten Werke zum Opium und zu einer Ausflucht vor der Frage nach dem Lebenszweck. Wir wünschen alle Ruhe, aber in Wirklichkeit ist Ruhe tief beunruhigend. In diesem Zustand kommt es uns nicht mehr darauf an, was andere von uns denken, sondern wir selbst oder Gott, und das ist nicht immer angenehm. Es bedarf vieler Liebe und eines großen Vertrauens, damit die Menschen still zusammen sein können.

Verwirrte Juden möchten die weltlichen Genüsse des Sabbats bewahren, aber ihre religiösen Wurzeln vergessen. Es ist gut für das Heim und hält die Familie zusammen. Es hält den Ehemann vom Bummeln ab, und es ist sparsamer. Aber der Sabbat und das jüdische Heim waren nie dazu bestimmt, Ehemänner am Bummeln zu hindern oder verfallendes vorstädtisches Leben zu stützen.

An diesem Ort, zu dieser Zeit besuchten Gottes Gesandte, die dienenden Engel, das Haus. Das alltägliche Einerlei wurde geweiht, es war ein »Happening«, eine Verklärung. Viele Juden würden menschliche Gäste gern einladen, aber keine himmlischen. Sie haben ein großes Problem, denn außer den bei den Juden so beliebten kleinen Geschenken, den Schokoladeschachteln, der Flasche Wein, möchten sie auch »Atmosphäre«. Sie sehnen sich nach der »altmodischen, heimischen Stimmung«. Aber dazu braucht man Heiligkeit und Engel und den heiligen Geist, und wenn man nicht an sie glaubt, wie kann man sie einladen? Würden sie sich in dieser Atmosphäre von Ungewißheit und Zweifel wohlfühlen? Welche Geschenke könnten solche himmlischen Besucher bringen? Welchen Geschmack würden solche Geschenke hinterlassen? Wenn es sie gibt, natürlich!

FÜNFTES KAPITEL

Die Synagoge, das heilige Rathaus

Was sind unsere Gebetsräume ... anderes als Schulen
der Klugheit, des Mutes, der Mäßigkeit und Gerechtigkeit, der Frömmigkeit, Heiligkeit und Tugend?

Philo

Manche Leute denken ans Geschäft, wenn sie in der
Synagoge sind. Ist es zuviel verlangt, sie zu bitten, an
Gott zu denken, wenn sie ihre Geschäfte betreiben?

Nachman Kasovir

Das erste, was Sie lernen müssen, ist, daß eine Synagoge
keine Kirche ist, weder eine gute noch eine schlechte. Es ist
nicht der beste Platz, religiöse Erfahrungen zu machen, denn
gewöhnlich ist sie zu laut. Auch ist während des Gottesdienstes in der Synagoge nicht die beste Zeit, seine Seele Gott
zu öffnen – das Wort »Ich« wird zu sehr entmutigt. Sie bietet
wenig Stille oder Vorgeschmack einer anderen Wirklichkeit,
und es werden keine Geheimnisse gefeiert. Sie war eher die
Ergänzung und die Rivalin als die Nachfolgerin des Tempels.
Das wichtigste Gebet im Gottesdienst, das Schema, wird nicht
zum Allmächtigen gesprochen – man nimmt an, daß Er es
kennt –, sondern die Versammelten sprechen die Worte zu
einander. Nur sehr allgemeine Dinge werden erbeten und
nicht sehr viele, aber es werden sehr bestimmte Aussagen
gemacht. Der traditionelle Gottesdienst erfordert auch eine
beachtliche Sprechtechnik des Beters. Nur zu oft, unfähig
mitzukommen, bleibt man am Weg liegen, während die
»lange Ordnung des Gottesdienstes« mitleidslos weitergeht;
ab und zu nimmt man den Faden wieder auf, wie und wann
es geht. Die Frömmigkeit hängt nicht vom Ort ab, sondern
vom Volk. Einmal geriet Samuel Pepys in einen solchen Gottesdienst und war von dem Mangel an Würde und dem wenig geistlichen Benehmen der »Frommen« so schockiert, daß
er beschloß, nie wieder hinzugehen; er hatte den überschäu-
mendsten Tag des jüdischen Kalenders gewählt – das Freu-
denfest der Gesetzgebung.

Synagogen sind für alle offen, und es ist am besten, sie allein zu besuchen. Gehen Sie hinein und sehen Sie sich sorgfältig um. Übersehen Sie im Geist die Ornamente, und Sie werden feststellen, daß es ein gewöhnlicher Raum ist mit einem Bücherschrank an der Stirnseite. In dem Bücherschrank – gewöhnlich ist es ein Schrein – befindet sich eine Rolle mit den fünf Büchern Mose. Über dem Schrein ist ein Licht, ein Hinweis auf die Gegenwart Gottes. Manchmal jedoch wird dieses als selbstverständlich empfunden, und man braucht das Licht ja nicht unbedingt zum Gebet. Zuweilen steht der Schrein auf einem Sockel, um den Berg Sinai zu symbolisieren. Auch dieser Sockel ist ein Luxus und nicht notwendig, denn der Berg selbst ist wie das Grab des Mose unbekannt, und die Anonymität ist beabsichtigt. Die Ereignisse waren zu eindringlich und überwältigend für frommen Tourismus. Das ist ein tiefes jüdisches Gefühl, das wahrscheinlich auch die Apostel teilten. Sie machten schließlich kein Lourdes oder Fatima aus Getsemani. Die Synagoge kann zeitweilig eine Unterkunft für Flüchtlinge oder eine Suppenküche für die Armen sein, und auch Sitzungen können dort abgehalten werden. Sie ist mehr als ein Haus des Gebetes, sie ist das Rathaus, das Parlament, das Versammlungshaus und vor allem die Universität der Gemeinde – ihre heilige Schule. Sie kennt und duldet keine Teilung von Wirklichkeiten.

Sie ist kein ländliches Phänomen. Sie fand sich immer im Herzen der Städte, umgeben von Werkstätten und Wohnhäusern. Sie hat nicht den Ehrgeiz, in einer freundlichen, grünen Traumlandschaft zu stehen. Solche tristen Landschaften findet man gewöhnlich in der Nähe von Krematorien. Synagogen sind zu geschäftig, um geschmackvoll zu sein. Sie sind mehr vom lebendigen schlechten Geschmack beeinflußt als von den gepflegten Parks umgeben, die sich in der Umgebung der Friedhöfe finden und den guten Geschmack der verehrten Toten zeigen.

Niemand weiß, wie sie entstanden ist, diese seltsamste und schlichteste aller Gottesdienst-Stätten. Sie erwuchs aus der Armut des Exils nach der Niederlage, nach der Zerstörung der letzten Reste von Salomos Tempel. Die ersten Synagogen wurden nicht mit feierlichem Gepränge in Jerusalem eröffnet, sondern in der Verborgenheit der Vorstadt irgendeiner feindlichen Hauptstadt, in Babylon oder in seinen Nachbarstädten. Eine Gruppe von Verbannten traf sich. Sie mieteten einen Raum zum Schutz für sich und andere, um zu bedenken, was vor sich gegangen war, und aus der Überlieferung zu erwägen, was Gott in einer fremden Umgebung von ihnen erwartete; welche Gesetze noch befolgt werden müßten und welche Gesänge Sions noch auf fremden Boden gesungen werden könnten. Wie wir alle brauchten sie eine religiöse Heimstatt, obwohl sie wahrscheinlich angefangen hatten zu begreifen, daß »Heim« nicht eine Adresse ist, sondern eine Kraft, die durch sie hindurchfloß, im Erfolg sowohl wie im Mißerfolg. Heim war eine Macht, die, wenn auch der Tempel zerstört war, einen gemieteten Raum zur stärksten Einrichtung ihrer Geschichte machte. In der Synagoge wird die sachliche Macht dieser »Kraft« und dieses »Willens« studiert. Die Kraft selbst braucht keine Synagogen, denn sie ist in den Worten des Gottesdienstes »und nachdem alles vergangen ist, wird Er allein in Seinen Wunderwerken regieren«, und weiter »so wie Er war, so ist Er jetzt, die Herrlichkeit, die niemals endet«. Es sind die Werkzeuge der Kraft, die Frommen, die die Synagoge brauchen. Aber sie ist nicht für ihre subjektiven Erfahrungen da, sondern um die Welt zu erhalten, in der sie leben.

Beim Eintritt in die Synagoge empfängt einen der Lärm von Gebet und Geschwätz. Eine Unterhaltung zwischen Nachbarn mischt sich mit dem Gemurmel eines sich wiegenden Beters. Der Rabbi liest still für sich auf der Estrade, zwei Vertreter der Gemeinde neben ihm besprechen die Einzelheiten des Gottesdienstes. Ständig kommen und gehen Leute. Dort hört man unterdrücktes Gelächter über einen jüdischen Witz. Die Atmosphäre bringt einen aus der Fassung. Der Geist der Außenwelt strömt in den heiligen Ort, und es scheint überhaupt kein sehr heiliger Ort zu sein.

Welches sind die wirklich heiligen Orte im Leben eines Menschen? Wo empfängt er seine tiefsten Erfahrungen? Ist es an einer »Stätte der Anbetung« oder in seinen Geschäftsräumen? Wo stellen sich ihm die großen religiösen Fragen? Vielleicht wenn er wach in seinem Bett liegt. Sicherlich deuten die Psalmen das an. Vielleicht auch in den Cafés, einige, wie die israelische Dichterin Lea Goldberg, sehen Gott im Zigarettenrauch. Wenn man eine Hierarchie der heiligen Stätten aufstellen will, würde das jüdische Gefühl wahrscheinlich das Heim wählen – denn dort ist die Freude der Heiligkeit am konzentriertesten und am stärksten fühlbar. Die Synagoge ist also nicht das Höchste oder das Heiligste, aber sie ist sicherlich der geschäftigste Mittelpunkt des religiösen Lebens, und man nimmt an, daß es kein Leben gibt, das nicht Religion ist. Gott ist anwesend im Leben und in der Welt. Eine Synagoge, ein heiliger Ort machen Ihn nicht gegenwärtig, sie helfen dem Beter oder dem Studierenden – die Juden machen keinen großen Unterschied zwischen beiden –, Seine Gegenwart zu erkennen. Gottes Wille geschieht, mit oder ohne unsere Zustimmung, sagt der Talmud. Studium und Gebet helfen uns, das zu erkennen.

Der verworrene Lärm der Synagoge hat seine eigene Größe. Er bezeugt eine heilige Einheit des äußeren und des inneren Geschehens. Geschwätz in der Synagoge setzt Gebet auf dem Marktplatz voraus. Ebenso, wie die materiellen Beschäftigungen in das Gebäude eindringen, dringt die Kenntnis Gottes hinaus in die Einzelheiten des täglichen Lebens. Ein Mensch ißt, schläft, liebt und betet. All das ist notwendig für die Welt, in die er gestellt ist, von der er ein wesentlicher Teil ist.

Weil das so ist, zeigt uns die Synagoge, daß die Religion eine Aufgabe hat und für unser Leben notwendig ist. Sie ist kein wenn auch noch so schönes Ornament, eine Synagogenerfahrung ist bestimmt keine ästhetische. Sie hat mehr Ähnlichkeit mit den Kleidern, die wir tragen, den Medikamenten, die wir einnehmen, als mit künstlerischen Bildern an der Wand. Erstere sind notwendig, die letzteren ein Luxus, die Kirschen auf dem Kuchen. Es ist hübsch, Religion mit gutem Geschmack zu haben, aber das ist nicht immer gewährt. Gettos und Konzentrationslager haben keine ästhetischen Werte, obgleich die Welt von ihren religiösen Werten noch viele Jahre zehren kann.

Die Ausschmückung der Synagogen, wenn auch gelegentlich schön, macht einen zufällig zusammengewürfelten Eindruck. Juden sind durch zu viele Kulturen gegangen, und zu schnell, als daß sie sich viel Empfinden für klassische Einheit und Reinheit der Form hätten zu eigen machen können. Ungleich den alten Griechen, war das für sie ganz gut und schön, aber entschieden ohne besonderen Vorrang. Wenn der Bau alt ist, nach jüdischem Standard fünfzig Jahre, so groß ist die Unsicherheit jüdischen Lebens, wird er polnische, russische, islamitische, spanische und deutsch-mittelalterliche Elemente in sich vereinigen. Wenn er modern ist, ist das Resultat gewöhnlich vorstädtisch guter Geschmack im Stil von London und New York. Seit die Juden ihr Interesse für moderne Kunst entdeckt haben, gibt es auch gemäßigtes »Bauhaus«. Der Rabbi trägt einen Talar im »Genfer Stil«, und sein Hut ist russisch orthodox mit oder ohne katholische Pompons. Der Küster kann in viktorianischem Stil Zylinder tragen, und seine Soutane kann gemäßigt anglikanisch sein. Die Musik ist vermutlich das ästhetisch schönste Element. Sie basiert gewöhnlich auf Mendelssohn mit gelegentlichen osteuropäischen Rhythmen, angereichert mit Anklängen an den Orient, an israelitische Volksmusik, und in England mit vornehmen Erinnerungen an das Palm Court Orchester. Der allgemeine Eindruck ist der eines bewohnten Heims, in dem eine Familie einige wirklich schöne Dinge und Erinnerungen aus den Erfahrungen ihres Lebens zusammengetragen hat, manchmal sentimentale, manchmal rührende. Gerade dieses Gefühl von Lebendigkeit verhindert, daß das Ganze absurd wirkt. Selbst wenn die Synagoge großartig sein will, verweist sie auf den gemieteten Raum als ihren Ursprung.

Dekoration und Großartigkeit sind unbeständige Dinge. Reichtum und Sicherheit kann man genießen, aber nicht festhalten. Juden sind ein wanderndes Volk, nicht ihrer Neigung nach, sondern aufgrund ihrer religiösen Geschichte. Jede reisende Gruppe, die auf eine Pilgerfahrt geht, sei es eine Person oder eine Kirchengemeinde, kann sich an der Landschaft, die sie durchwandert, erfreuen. Man kann sich an den Stil eines Gottesdienstes gewöhnen, an eine Kultur, in der man sich niedergelassen hat, an Modelle religiöser Führung, an Kleider, an schöne Dinge und auch an geliebte Absurditäten. Gerade weil solche Dinge keine Dauer haben, sind sie nicht schlecht, wie manch »spirituelles« Denken unterstellt. Schließlich teilen wir die gleiche Endlichkeit. Auch sind vorübergehende Dinge nicht notwendig tragisch, wie die Griechen annahmen. Das Ende der Reise macht die Erfahrung auf dem Wege nicht ungültig.

Die eigentliche Synagoge ist heute gewöhnlich ein Ort des Gebetes in der Mitte eines Raumkomplexes, der wie ein Kaninchenbau von Hütten und Fertighäusern wirkt. So sorgfältig jüdische Autoritäten sie auch planen mögen, jüdische Geschichte vereitelt sie immer. Sie planen etwas Bleibendes, und die jüdische Welt ist immer in Bewegung. Große Gebäude, deren Errichtung noch in lebendiger Erinnerung ist, werden zu leeren Hülsen, London ist voll sterbender Synagogen. In jeder Stadt Spaniens, Polens oder Deutschlands findet sich immer ein kleiner Überrest einer alten Synagoge, an welcher die Zeit vorüberging. Zum Ausgleich dafür schießen andere Synagogen wie Pilze auf, um die neuen Flüchtlinge zu versorgen. Für ein solches Volk paßt besser ein Zelt oder die Stiftshütte des Exodus.

Betrachten Sie diese baulichen Ergänzungen sorgfältig. Es sind nämlich keine zufälligen Extras, Kleinigkeiten, die hinter einer prächtigen und anspruchsvollen Fassade versteckt werden müssen. Es sind wesentliche Teile der Synagoge selbst. Denn die Synagoge ist nicht der Tempel jüdischen Lebens, das Allerheiligste, sondern sie ist das religiöse Rathaus, wo der Wille Gottes nicht nur durch Gebet und Erörterungen gefunden wird, sondern wo er auch verwirklicht wird. Die Sitzungsräume, die Büros, die Kartei sind das logische Ergebnis der Gebetsräume. Sie bilden zusammen ein einheitliches Werk. In einer guten Synagoge geht eins ins andere über. Ein Haufen Männer spricht liturgische Gebete in einem Raum, während vor der Schriftlade eine lebhafte Auseinandersetzung über das Verhalten der Gemeinde stattfindet. Die Verbindung zwischen Sein und Tun ist sehr eng, und in der jüdischen Geschichte kommt das letztere gewöhnlich zuerst.

Die Kinder Israels riefen in der Wüste: »Laß es uns tun und dann hören.« Das hat bis heute bei Juden den Vorrang. Es hat nicht viel Sinn, den Willen Gottes zu erkennen, wenn er nicht in die Tat umgesetzt wird. Solches Wissen ist in der Tat ausgesprochen schädlich. Wenn es nie mit der Wirklichkeit konfrontiert werden kann, bleibt es besser im Dunkel. Totes Wissen wird schlapp vom Nichtgebrauch und dann brandig. Heutzutage wird ein Großteil der jüdischen Gesetze nicht mehr befolgt. Das Wissen bringt keine Taten mehr hervor, nur Schuldgefühle. Es hat die Krankheiten des Zerfalls.

Eine Synagoge ist eine religiöse Vorrichtung, die dauernd Gebete in Taten umzusetzen versucht. Wenn der Gottesdienst zu Ende ist, bilden sich kleine Gruppen, und nur die Furcht vor einem angebrannten Essen und der Hunger treiben die Juden von den Stufen der Synagoge und den kleinen informellen Versammlungen fort, zu denen die Gebete sie ermutigt haben. Das Schwätzen und Debattieren an der Tür ist heilig, denn dadurch wird Gottes Wort für das Handeln in der Welt der Boden bereitet. Die Worte, das Gemurmel der Gespräche sind die Vermittler, die Boten, die den Abgrund zwischen Gott und seiner Schöpfung überbrücken und den Willen der Ewigkeit in Hinsicht auf die Bedürfnisse des Mannes von nebenan überbringen.

Nachbarn beklagen sich gewöhnlich über den Lärm der Synagogen. Gebete, Geschwätz und Erörterungen bilden im jüdischen religiösen Leben eine Einheit. Diese Mischung ist wirksam, wenn auch nicht entspannt. »Der Heilige, gepriesen sei Er, schläft und schlummert nicht«, sagt das Gebetbuch. Er ist am Werk, aber was ist Sein Job, woran arbeitet Er? Die rabbinische Antwort ist einfach: es sind dieselben Dinge, an denen wir arbeiten. Nur tut Er es ohne Lohn, ohne weiteren Grund. Er steuert die Braut aus, besucht die Kranken und begleitet die Begräbnisse, bei denen es keinen weiteren Trauernden gibt.

Juden geben pro Kopf mehr für Wohltätigkeit aus als jede andere Bevölkerungsgruppe. Sie tun es, weil es ein wesentlicher Teil ihres Opus Dei – ihrer Liturgie ist. Die Thora, die auf der Schriftrolle geschrieben ist wie andere heilige Schriften, wird geküßt; aber weil sie ein Buch ist, ist es wichtiger, sie zu lesen, und wichtiger, als sie zu lesen, ist es, danach zu handeln. Die Gebete in der Synagoge treiben die Beter in die Welt hinaus, sie halten sie nicht zurück in der Meditation. Altersheime, Geld für Israel, Sanitätswagen, Hilfe für Flüchtlinge strömen aus der jüdischen Liturgie. Es sind die Dankopfer des Volkes und auch ihre Sühneopfer. Größte Aufmerksamkeit schenkt man der Aufrechterhaltung der Gesellschaft und der Verantwortung der Menschen füreinander. Juden behandeln die Feinheiten der Liturgie als eine Art Luxus – einen von Gott erlaubten Sport. Sie werden ernsthafter, wenn es sich um die Organisation von Tombolas und Verlosungen und das Aufbringen von Geldmitteln handelt. Gelegentlich, in der verfeinerten Religiosität der oberen Mittelklasse, leiden die Rabbis unter einer gewissen Verwirrung. »Ist das alles nicht ein bißchen schäbig«, überlegen sie. »Ist es nicht ein bißchen vulgär?« »Ist es richtig, soviel an das tägliche Brot zum Leben und seinen Preis zu denken?« Das ist in der Tat genau das, worüber die Thora schreibt – unter anderem selbstverständlich.

»Du sollst den Herrn, deinen Gott, lieben aus ganzem Herzen, mit ganzer Seele und mit ganzer Kraft«, sagt das große jüdische Gebet, das von Mose selbst stammt. Herz und Seele waren merkwürdigerweise kein großes Problem für die Kommentatoren. Größere Schwierigkeiten machte ihnen das Wort »Kraft«. Eine Interpretation verstand darunter alle körperlichen Kräfte des Menschen. Die Interpretation jedoch, die am treffendsten schien und die im täglichen Leben der Juden verwirklicht wurde, besagte, daß »Geld« gemeint sei, d. h., daß wir Gott mit all unserem Geld und unserem Reichtum lieben sollten. Das ist der heilige Materialismus des Judentums. Unsere Vorfahren brachten Gott Schafe und Ziegen und Ochsen, denn das war ihr Geld, die harte Währung jener Zeiten. Auch wir bringen unseren Verdienst. Gibt es etwas Besseres? Haben Worte oder Gedanken oder Träume größeren Wert? Vor dem letzten Krieg pflegten in London jüdische Frauen mitten in der Nacht in den armen jüdischen Wohnvierteln herumzugehen und Geld in die Briefkästen zu werfen, damit jede jüdische Familie etwas Freude und Sicherheit am Sabbat und an den Festen habe. Das war eine sehr vornehme Art des Schenkens, bei dem niemandes Gefühl verletzt wurde und Gott allein wußte, wer gab und wer empfing. Das Schenken ist jetzt augenfälliger geworden, denn Geben ist eine Wissenschaft und Industrie geworden – es war immer eine Kunst! Außerdem, die Verfolgungen und der Staat Israel verlangten Wunder des Gebens von einem sehr kleinen Volk. Die Methoden sind jetzt augenfälliger geworden, denn es mußte mehr aufgebracht werden, die Hauptsache jedoch ist, daß gegeben wird. Das ist das Mindestmaß unseres Dienstes für Gott in der Welt. Es ist die Erfüllung der Liturgie – das »Amen« am Schluß.

Juden sind im allgemeinen so beschäftigt mit den Details der Gegenwart, daß sie sich selten Fragen stellen über die Institution, für die sie soviel Zeit, Energie und Liebe aufwenden. Sie stellen ihre Existenz und ihren Zweck so wenig in Frage, wie sie die Existenz und den Zweck ihres Heims in Frage stellen. Beide sind immer dagewesen, und in beiden ist immer ein Platz für sie bereit. Sie machen sich nichts aus Theologie, und darum halten sie sich nicht damit auf, darüber nachzudenken, was eine Synagoge ist – eine heilige Werkstatt, der Prototyp des Reiches und Gottes Rathaus und Universität. Wo immer eine Synagoge besteht, ist das jüdische Experiment im Gang, denn die Religion der Pharisäer ist kein Protest und kein Widerspruch, sie ist ein fortdauernder Versuch, eine Gesellschaft aufzubauen, die auf Erden widerspiegelt, was droben ist. Sie nimmt die Worte ernst wie ein Ingenieur oder Wissenschaftler, besonders Worte wie: »Dein Wille geschehe!«

Eine so starke Bindung besteht zwischen der Synagoge und der Gesellschaft um sie herum, daß die Krankheit der einen die andere ansteckt; so gering ist die Trennung zwischen ihnen. Früher floß der Strom religiösen Bewußtseins von der Synagoge in das tägliche Leben der Gemeinde. Es gab keine künstliche Barriere zwischen ihnen. Heute fließt der Strom des Säkularismus aus der Außenwelt wieder zurück in die Synagoge hinein. Wieder trennt sie keine künstliche Barriere.

Weil die Außenwelt ihren religiösen Charakter verloren hat, ist die Synagoge bewußter religiös geworden, vielleicht künstlicher. Man legt heute großen Wert auf gutes Benehmen und auf die Predigt. Kinder spielen nicht mehr zwischen den Sitzreihen. Es wird weniger argumentiert, und die Juden sind befangener. Man disputiert nicht mehr vor der Schriftlade und entspannt sich nicht mehr mit einem Buch des Talmuds und einem Glas Zitronentee. Gott muß mit Respekt behandelt werden, weil eine Distanz besteht zwischen Ihm und Seinem Volk. Wenn man jemanden nicht genau kennt, ist es besser, sich keine Freiheiten zu erlauben und nicht zu familiär zu sein. Wahrscheinlich müssen die Marmorhallen wieder aufgegeben werden, ebenso die Orgeln und die Baufonds, denn in Wirklichkeit ist Er ein Wüstengott, der Sich an sonderbaren Orten offenbarte – an einem öden Platz am Sinai und in gemieteten Räumen in Babylon.

SECHSTES KAPITEL

Das Gebet - die innere Arbeit

> Wer anfängt zu beten, sollte von einem gewöhnlichen
> Arbeiter lernen, der manchmal einen ganzen Tag
> braucht, um eine Arbeit vorzubereiten. Ein Holzfäller,
> der den größten Teil des Tages zum Schärfen der Säge
> verwendet, und nur die letzte Stunde zum Sägen des
> Holzes, hat seinen Tageslohn verdient.
>
> Mendel von Kotzk

> Er betet um seiner Seele willen, wie er Essen zu sich
> nimmt um seines Leibes willen.
>
> Juda Halevi

Das Hebräische ist eine erfindungsreiche Sprache. Eine kleine
Veränderung, das Hinzufügen einer Silbe, kann die Richtung
eines Wortes ändern. Wenn eine bestimmte Silbe einem
Wort vorangestellt wird, zeigen die Richtung und der Sinn
nach innen – die Tätigkeit wird für einen selbst getan. Das
hebräische Wort für Gebet hat diese Silbe. Ein Jude betet nicht
in erster Linie, um Dinge zu erbitten, noch um eine Erfahrung zu haben, nicht einmal um Gottes Gnade zu fühlen, er
betet, wie er seine anderen Aufgaben erfüllt, um seine Pflicht
zu tun, um die Arbeit in der Welt weiterzuführen und um die
Tatsachen und Wahrheiten des Lebens regelmäßig neu zu
formulieren. Dieses hebräische Wort für Gebet hat wenig zu
tun mit dem »beten« oder »um etwas bitten« oder »verlangen« anderer Traditionen. Es ist kein Versuch, das Universum zu überreden oder zu quälen, seinen Lauf zu ändern
um unserer Wünsche willen. Kein Nachkomme der Pharisäer
würde je Religion und Märchen so miteinander verwechseln.
Private Gebete sprechen die Juden innerhalb und außerhalb
des Gottesdienstes. Gemäß einem Rabbi sind Bittgebete »heilige Unverschämtheit« und »Angriffe auf den Himmel«. Für
den Juden ist Frömmigkeit der Wein seines Volkes, er gibt
ihm Erhebung, aber er ist nicht sein Opium mit seinen Phan-
tasiegebilden. Um mit den Sorgen der jüdischen Geschichte
fertig zu werden und mit ihnen zu leben, waren Intelligenz
und gesunder Menschenverstand vonnöten. Traumbilder aber

taugen nicht zum Überleben; es zwingt uns statt dessen zu Wahrheit und Realismus. Begüterte Leute mit bequemer und beständiger Sicherheit können es sich leisten, die Wahrheit sich selbst anzupassen und damit zu spielen. Sie können sich in hochgezüchtete Phantasien zurückziehen. Die Unsicherheit jüdischen Lebens und sein ungesicherter Wohlstand haben die Juden zu einem heilsamen Respekt vor dem, was ist, genötigt. »Die Wahrheit ist unser König«, sagt das Gebetbuch bei jedem Gottesdienst. Religion ist nicht die Konstruktion einer Welt, wie wir sie haben möchten, sondern ein Weg, um die Wirklichkeit, in die Gott uns gestellt hat, zu erkennen und anzunehmen.

Was also ist dieses hebräische Wort, dessen Sinn sich nach innen wendet und das Gebet bedeutet? Für manche ist sein ursprünglicher Sinn »an sich selbst arbeiten«, für andere »ein Loch in sich selbst bohren« oder »sich selbst richten«. Christen bitten Gott, in ihnen zu wirken, damit sie sich ihm vollständig und frei hingeben können. Ein Jude betet, damit er um Gottes willen an sich selbst arbeiten und seinen Willen so ändern kann, daß er ein besseres Werkzeug für Gott wird.

Das zentrale jüdische Gebet ist überhaupt kein Gebet im üblichen Sinn. Es ist die Rezitation einiger kurzer Auszüge aus Deuteronomium und Numeri, die wenig sagen, es aber sehr eindringlich sagen. Es sagt, daß Gott Einer ist, mit allem, was daraus folgt, daß Er lebendig ist, einzig, alles fordernd, unendlich und daher das Denken übersteigt. Es sagt auch, daß man dieses Wesen mehr lieben als objektiv respektieren soll. Er mag ein »Es« sein, aber man soll dieselbe Intensität des Gefühls und der Leidenschaft für dieses »Es« haben wie für die engsten und liebsten menschlichen Beziehungen. Weiter zählt dieses »Gebet« eine Anzahl sehr praktischer Schritte auf, damit man all dies nicht vergißt, denn was wir tun, hat Folgen, die nicht weggewünscht werden können, d. h. Vergeltung und Strafe. Schließlich sagt es: dieser »Er« oder dieses »Es« ist die einzige Realität, auf die unser Volk sich in seiner Geschichte verlassen kann. Keine andere Macht kann uns von den Feinden, die wir uns machen, retten oder uns aus den Fallen befreien, die wir uns selbst stellen.

Diese Aussagen, die als Gebet dienen, werden von einem Juden auf dieselbe Weise gebraucht wie das »Vaterunser« von den Christen. Er sagt es morgens und abends. Es ist an seinen Türpfosten geschrieben, und es ist das letzte, was er sagt, wenn er stirbt. Es heißt das »Schema«, weil das bedeutet »Horch«! oder »Höre!«. Es wird nicht leise, sondern laut gesprochen. Gott muß nicht gesagt werden, daß Er Einer ist – vermutlich weiß Er es –, aber unseren Mitjuden. Wir erinnern unsere Verwandten, die Familie Israel an die Wirklichkeit, die unser Schicksal regiert. Das jüdische Schlüsselgebet wird darum ganz und gar nicht zu Gott gesprochen, wir sagen es zu uns selbst, und vor allem sagen wir es zueinander. Wir haben öffentlich die Wahrheit bekannt und unsere Pflicht erfüllt. Wir haben die Realität des Reiches Gottes über alles gestellt. Das ist Gebet!

Und was, sagen die Rabbis, ist das Gegenteil? Was ist nicht Gebet? – was ist ein Anti-Gebet und religiöse Zeitverschwendung, wo es soviel zu tun gibt und die Zeit kurz ist. Wenn Sie von einer Reise zurückkehren, sehen Sie vielleicht am Horizont den Rauch eines Feuers in der Stadt. Sie beten spontan: »Herr, laß es nicht mein Haus sein!« Das ist religiöse Zeitverschwendung. Entweder ist es Ihr Haus oder nicht. Das Gebet wird nicht den geringsten Unterschied machen, und der Gebetsakt soll das auch gar nicht. Es ist, realistisch gesprochen, ein Fehlstart, und in rabbinischen Augen ist es ein Nicht-Gebet.

Man braucht Zeit, um sich an die Objektivität und die Distanziertheit solcher Gebete zu gewöhnen. Um sie zu verstehen, muß man sich erinnern, daß Arbeit der Schlüssel zum Judentum ist, und Gebet ist nichts anderes als eine Art Arbeit. Da ist die Arbeit, die wir in unserem Berufsleben tun müssen, da ist die Arbeit, die wir im Gottesdienst tun, und die Arbeit, die wir an uns selbst zu leisten haben. Sie entspringen aus derselben Quelle und verlangen die gleiche Hingabe. Es gibt eine Menge Arbeit um des Reiches Gottes willen. Sowohl der »Gottesdienst« der Synagoge wie der Dienst Gottes verlangen einen guten Kopf, Genauigkeit und Anstrengung. Manche Juden möchten sich Gott hingeben, aber den meisten Juden ist das zu passiv und zu feminin, um noch religiös solid zu sein. Das Judentum ist in seiner rituellen Form patriarchalisch, obwohl die jüdische Gesellschaft ökonomisch gesehen matriarchalisch ist. Jahre der Psychoanalyse sind notwendig, um einen Schimmer von Selbsterkenntnis oder eine winzige Veränderung des Ich zu erreichen. Das zeigt die ungeheure Gebetsarbeit, die geleistet werden muß, um zu wirklicher Erkenntnis zu gelangen.

Wenn das Ziel des Judentums die Veränderung der Welt ist, können wir dann die Steine des Anstoßes in uns selbst umgehen? Die Katastrophen der jüdischen Geschichte haben uns gezeigt, daß das ein Wunsch-Traum ist – politische Amateure, bitte zur Kenntnis nehmen! Wir können die Welt nur ändern, wie es die Thora verlangt, wenn wir uns selbst ändern, denn auch wir sind die Welt, und die Arbeit fängt bei uns an. Wenn wir nicht sehen, was in uns ist, gibt es nichts zu berichtigen, werden wir immer unsere eigene innere Ignoranz auf die Welt um uns herum projizieren und sie bewußt oder unbewußt mit unseren Wünschen, unseren Hoffnungen und unseren Ängsten verfälschen. Wir werden nie den Abstand haben, die Wahrheit zu sehen, die unser König ist, und wir werden sie auch gar nicht sehen wollen. Es ist viel interessanter, andere zu ändern – zu ihrem Besten natürlich –, als uns selbst ehrlich zu betrachten.

Die Verwandlung des Bestehenden ist das Ziel der Christen und Juden. Aber sie machen sich auf verschiedene Weise daran. Ein Christ fängt mit der Rettung seiner Seele an und endet bei der Rettung der Welt, vorausgesetzt, er ist nicht beim Pietismus stehengeblieben und hat die Welt vergessen und sich zur Heiligkeit emporgearbeitet. Der Jude versucht die Welt zu verändern und merkt, daß er sich während des Prozesses selbst erlöst. Auch sein Fortschritt kann aufgehalten werden, und anstatt über Gerechtigkeit zur Heiligkeit zu gelangen, endet er bei der Politik. Das ist seine besondere jüdische Art des Ausweichens. Gute Werke und ethische Theorien haben ihr eigenes Gewicht, sie sind kein Ersatz für Selbsterkenntnis.

Rein theoretisch über jüdisches Gebet zu sprechen hilft einem nicht viel weiter, denn Juden sind kein abstraktes Volk. Das biblische Hebräisch enthält kaum ein abstraktes Substantiv. Juden kommen zu Gott durch ihre Gefühle, ihren Verstand, ihre Erfolge und Mißerfolge. Sie können sie nicht umgehen, und sie wollen es in Wirklichkeit auch nicht.

Gehen Sie also in eine Synagoge, und setzen Sie sich mit einem Gebetbuch hin! Blättern Sie es durch! Die einzelnen Abschnitte fordern nicht viel, aber sie machen eine ganze Reihe Aussagen, jede mit einem Segen abgerundet. Dies ist, was existiert, sagen die Abschnitte, das bist du, dies sind die Realitäten, unter welchen du lebst und deine Bestimmung sich erfüllt. So ist der Herr, dem du dienst, und dies ist, was Er verlangt. Es setzt voraus, daß du diese Wirklichkeit segnen mußt, obgleich es nicht immer leicht und manchmal kaum möglich ist.

Ein solches Gebilde scheint sehr logisch, jedoch ziemlich streng. Wenn man aber diese Aussagen untersucht, macht man eine interessante Entdeckung. Erstens scheinen sie nicht übereinzustimmen, und zweitens findet sich gelegentlich etwas, was wie ein absichtlich falsches Zitat und frommer Betrug wirkt, wenn man genug weiß, um es zu sehen. Die meisten hebräischen Abschnitte gehen paarweise, wie die Tiere in die Arche, und jeder Abschnitt scheint mit seinem Gefährten zu sprechen. Beide denken über dasselbe nach, gehen aber von verschiedenen Gesichtspunkten aus, und der fromme Beter findet sich in der Mitte gefangen. »Wer hat recht?« fragt er. Beide sagen: »ich«. Die Antwort auf eine jüdische Frage ist immer eine andere Frage. Gebet führt uns von Problem zu Problem, aber das Gebet und das Problem reifen bei dem Vorgang. Das ist religiöses Wachstum.

Der Gottesdienst fängt an, und die Arbeit des Gebetes beginnt. Ein Abschnitt behauptet, daß alles, was wir tun, nichtig ist, sein Gefährte besteht auf dem Ruhm der guten Werke, die wir tun können, und ihrem Wert. Ein anderer Abschnitt weist auf die Größe des Universums hin, seine überwältigende Macht, seine Pläne und Zwecke, die so ganz verschieden sind von unseren eigenen, und auf die Kraft und das Wissen, die dahinter stehen. Doch sein Gefährte wendet sich ab von dieser Transzendenz und dem Erschauern vor den hohen Werten. Wie liebevoll, wie zärtlich ist der Schöpfer dieser ungeheuren Größe, welche Liebe fühlt Er für uns! Diese Sprache ist überraschender, als der Christ zunächst erkennen kann, denn »Liebe« bedeutet im Hebräischen nicht nur »Agape«, sondern auch »Eros«. »Erkennen« bedeutet im Hebräischen auch »Lieben«. Ein anderer Abschnitt spricht über Israel, als stehe es abseits von der übrigen Menschheit, als seien die Arbeit der Kinder Israels und ihr Schicksal völlig getrennt vom Reich anderer Menschen. Der begleitende Abschnitt weist auf eine Zeit hin, in der alle zusammenkommen und die Grenzen der Sympathie und die Grenzwälle der Vorurteile gefallen sind.

Der Beter wird in diesen Dialog hineingenommen. Er wird in die Dialektik der Wirklichkeit gestoßen, und zwischen diesen Aussagen muß er sich hindurchwinden. Gott ist die Vereinigung der Gegensätze, deren Auflösung zu Lebzeiten nicht erfahren werden kann. Weil wir Menschen sind, sehen wir die Wirklichkeit nur bruchstückhaft. Wir sind so beschaffen, daß wir nur durch Gegensätze erkennen können. Dem einen oder anderen Pol der Wahrheit nachzugeben wäre unheilvoll und würde die Arbeit, die wir alle tun müssen, unmöglich machen. Wie alle anderen Lebewesen braucht der Jude all seine Fähigkeiten, um in solcher Unermeßlichkeit zu überleben, und er muß an sich selbst glauben können, um in seinem Streben weiterzukommen. Eins darf er nicht tun. Es ist ihm nicht gestattet, den Abstand zwischen den Gegensätzen zu vermindern; das würde heißen, die Welt zu verfälschen. Und Religion ist kein Märchen, wie ich schon sagte, und die Schöpfung muß so respektiert werden, wie sie ist.

Diese Dialektik ist nicht ein liturgischer Kunstgriff oder eine philosophische Mode. Sie zeigt eine Realität in der jüdischen Psyche und in der Weise an, wie Juden die Welt erfahren. Das Gebetbuch mit seinen gegensätzlichen Abschnitten ist der Spiegel jüdischen Lebens, und ein Jude wird in eine Welt der Konflikte hineingeboren. Diese Konflikte sind sehr wirklich für ihn. Sein Leben lang wird ein Jude zwischen den ge-

gensätzlichen Polen der Erfahrung seines Volkes hin- und her-
gerissen. Da ist der Gott, der Sich ihm in der Wärme seines
Heims offenbart, und die schreckliche Macht, die selbst in der
Verfolgung eine Botschaft für ihn hat. Da ist der Gott, der
sechs Millionen sterben ließ, und der Gott, der einen Staat
wiederherstellte, der seit Jahrtausenden verloren war.

Vielleicht wird es nicht ganz so dramatisch sein. Vielleicht
möchte der Beter ein jüdisches Mädchen heiraten und ver-
liebt sich in ein nichtjüdisches – für den Außenstehenden ein
unerheblicher Widerspruch, aber für ihn ein schmerzlicher.
Hinter ihm stehen zwei Kulturen und zwei Ströme der Erinnerung und vielleicht mehr. Er wird sich nie einfach als Eng-
länder fühlen können oder einfach als Jude oder überhaupt
einfach als irgend etwas. Er wird sich selbst durch die verschiedenen Brillen sehen, die ihn das Leben zu tragen zwingt, und
er wird die Aufklärung kennen, die mit Entfremdung ein-
hergeht. Der Weg zu Gott liegt für ihn in seiner eigenen
Komplexität. Der jüdische Beter muß seinen Weg durch die
Gegenpole der kontrastierenden Wahrheit hindurchfinden.
Er muß die Komplexitäten seines Lebens annehmen und
darf nicht nach der Einfachheit und Bequemlichkeit verlangen, die Gott anderen geschenkt hat.

Zuzeiten wird diese Spaltung in der Natur der Dinge im Leben transzendiert und in der Liturgie, die dieses Leben widerspiegelt. Es gibt einen Hymnus, der den meisten Juden zu
Herzen geht und die gewinnende Eigenschaft hat, daß er praktisch zu jeder Musik gesungen werden kann, von Beetho-
ven bis zu Sigmund Romberg. Der Verfasser ist unbekannt,
vermutlich ein frommer, selbstloser spanischer Rabbi des
Mittelalters. In den ersten Zeilen spricht der Dichter von dem
transzendenten Gott, unerkennbar, ohne Vergleich. Wir können Ihm weder schaden noch nützen. Aber dann, ohne Bruch
in den Zeilen oder im Gefühl, fährt er triumphierend mit
den alltäglichsten und vertrautesten Bildern fort. »Gott ist
die Fahne, die ich schwinge«, sagt er, »der Kelch, den ich trin-
ke, der Fels, den ich ergreife.«

Der unbekannte Fromme hat die große Reise gemacht. Er hat
das Bekannte vereint mit dem, was jenseits alles Wissens

liegt; die Welt der Vernunft und die Welt der Erfahrung. Er hat die verschiedenen Ebenen der Wirklichkeit vereint. Es ist so gut gemacht, daß trotz des verblüffenden Wechsels der Gedanken der Bruch kaum merkbar ist – da gibt es keine Naht. Er hat getan, was der Maler Vermeer in einem anderen Land, in einem anderen Medium und in einer anderen Zeit tat; in seiner Malerei gibt es ein Bild von der Stadt Delft. Es ist eine wirkliche normale Stadt – sehen Sie, Sie können das Mauerwerk erkennen! Aber eine Stille und einen Frieden hat er dem Gemälde verliehen, so subtil, daß man nicht sehen kann, wie es gemacht wurde, denn wie in dem Gedicht ist keine Naht sichtbar. Zwei Wirklichkeiten wurden zusammengefügt und das ohne Betrug und ohne Verzerrung. Der mittelalterliche jüdische Rabbi und der niederländische Maler hatten dieselbe Erfahrung. Keiner simplifizierte das Problem, beide erfuhren die innere Einfachheit und Einheit des Problems.

Juden verehren eine Einheit, und sie dienen ihr, indem sie all ihre Erfahrungen vereinen. Diese Erfahrung ist so verschieden und erstreckt sich über so viele Kulturen, daß das eine gefühlsbedingte Notwendigkeit für den Juden ist. Die Alternative wäre, sich mit einer dauernden Schizophrenie abzufinden. Die Gewundenheit der jüdischen Argumente und die sorgfältig ausgearbeiteten Kommentare gründen darin, daß kein Teil der Erfahrung oder Wahrheit außer acht gelassen werden darf. Gott dient man nicht mit falscher Einfachheit. Seine Güte wird für die Juden nicht durch die Existenz eines Teufels bewahrt. Der Jude wird von der Sünde nicht durch Polarisierung zurückgehalten, durch Trennung des Lebens nach dem Tode in Himmel und Hölle und durch die Aufteilung ihrer Bewohner in Schafe und Böcke. Er hat die scheinbaren Widersprüche der Welt anzunehmen, und nur gelegentlich bietet ihm die Tradition eine hilfreiche Hand angesichts des Lichtes und des Dunkels, das Gott ist.

Im Gebetbuch gibt es einen Satz, der in jedem Morgengottesdienst wiederholt wird. Wir werden aufgefordert, Gott zu preisen, »der das Licht und die Finsternis macht und alles erschafft«. Das ist eine bewußte und barmherzige falsche Wiedergabe des Propheten Jesaja, der noch zu einem Gott beten konnte, der nicht nur der »Friedensmacher« war, sondern auch der »Schöpfer des Bösen«. Wir wissen das vielleicht in unserem Herzen, aber wir können es nicht laut sagen. Vielleicht war Gott in den Gaskammern von Auschwitz, denn wir wissen, daß der Tag des Herrn Dunkelheit sein kann, nicht Licht; aber wenn wir dabei verweilen, könnten wir den Verstand verlieren und unfähig werden, unsere Arbeit zu tun. Die Macht der Wirklichkeit ist so überwältigend, daß sogar Juden einen gewissen Schutz davor brauchen. Sonst müßten auch wir, wie der arme van Gogh, unsere Ohren abschneiden. Frieden und Harmonie werden von allen Menschen ersehnt. Juden sind keine Romantiker, sondern Realisten und wissen, daß sie nicht billig zu haben sind.

Christen haben dasselbe Problem, wenn sie versuchen, Körper und Geist zu vereinigen, die Realität dieser Welt mit der des künftigen Lebens. Auch sie kennen das Problem, das dem Gedicht des unbekannten Rabbi zugrunde liegt. Die Antwort für sie ist jedoch eine andere, vielleicht leichtere – die Inkarnation vereinigt beide Teile. Für sie hat das Unerkennbare einen Geburtsschein, und die Leute aßen, scherzten und teilten das Mahl mit dem Unendlichen. Auch das siegelt die beiden Teile des Gedichtes zusammen. Aber Juden haben die schwerere Aufgabe. Gelegentlich empfinden wir Gottes Gegenwart, aber Sein Mittelpunkt ist weit entfernt und sehr verschieden von dem eines Menschen. Und doch müssen wir die Wärme und Intimität menschlicher Liebe für etwas fühlen, das niemals »vertraut« sein kann oder auch nur wirklich erkennbar. Ein Jude spürt, daß er die Realität »ungeschminkt« anzunehmen hat. Es ist ihm nicht erlaubt, das Transzendente zu sentimentalisieren.

Ist es nötig, Gott zu erfahren, um für Ihn zu arbeiten? Für die meisten Leute ist die Antwort ein entschiedenes Ja, besonders wenn die Arbeit Gebet ist. Für Juden ist das nicht ganz so sicher. Wir wurden nicht in die Welt gesetzt, um Seine Gegenwart zu erfahren. Der Synagogengottesdienst ist nach dem älteren Tempelgottesdienst geformt, und Gebete nehmen den Platz der alten Opfer ein. Wenn ein Mann sah, wie das

Fleisch seines Tieres verbrannte, sah er sein Kapital buchstäblich in Rauch aufgehen. Die Formen des Opfers mögen primitiv sein, aber ihre Bedeutung ist es nicht, denn es ist ein Geben, nicht ein Nehmen. Die Gebete der Synagoge, die sie ersetzen, haben den gleichen Charakter. Es gibt religiöse Freude, aber sie kommt vom Geben, und die größte Freude ist es, uneingeschränkt zu geben.

Religiöse Erfahrung ist kein Lohn für Gebete. Heutzutage ist es wichtig, das festzustellen, denn unsere Gesellschaft ist vergnügungssüchtig. Auf der Suche nach dem, was jenseits des Vergnügens ist, jagt sie von einem Vergnügen zum anderen. Sie bevorzugt die rascheren und unmittelbareren Formen. Sex, Drogen und Macht sind ausprobiert. So wird sie es schließlich mit einem Letzten versuchen, mit den Freuden der Mystik und der religiösen Erfahrung. Aber vielleicht ist das sogar noch nicht das Letzte, sondern das Vorletzte. Die Freude an der endgültigen Zerstörung ist tatsächlich das Letzte. Die Suche kann zu Erleuchtung führen, aber ebensogut zu transzendentalem Hedonismus und zu weiter nichts.

Gott ist keine Person, und es bleibt immer eine Distanz zwischen Ihm und uns. Wir sind nahe, aber getrennt. Er liebt uns, und es ist uns befohlen, Ihn zu lieben, aber er kann niemals unser Kumpel werden. Wir beschreiben diese Beziehung in menschlichen Worten, aber es ist absolut keine menschliche Beziehung. Traditionsgemäß macht ein Jude morgens aus seinen Tefillin Ringe um die Finger. Er gebraucht die Sprache der Ehe und der Familienbeziehungen. Gott ist der Geliebte oder der Vater. Aber in Gedanken setzt er vor all das die Worte »als ob«. Um unziemlichen Erwartungen vorzubeugen, wird die Vertraulichkeit dauernd zum Verschwinden gebracht durch den Gebrauch des Titels »König über den König der Könige«. Segnungen fangen an, indem Gott als »Du« angeredet wird, sie ändern ihren Standpunkt aber sehr schnell und ziehen sich auf die sichere dritte Person zurück. Gott kann niemals »einer von uns« sein. Nicht einmal die majestätischen Namen sind angemessen, denn auch sie sind Bilder, und hinter ihnen steht das *Ein Sof*, das »mysterium tremendum«, das jenseits aller Kategorien des Denkens liegt.

Es ist kaum möglich, zu solcher Entferntheit zu beten, geschweige denn, ihr zu dienen und sein Leben dafür hinzugeben. Nur sehr wenige Juden wie Maimonides, der mit einem kalten Feuer verglichen wurde, sind je solcher Hingabe fähig gewesen. Die meisten von uns brauchen mehr Farbe, mehr Familiarität und größere Sicherheit.

Vor nicht allzu langer Zeit wurde ein halb humoristischer Konsumentenführer in Sachen Religionen herausgegeben. Er fragte: »Welche Religion gibt am meisten für die geringste Kapitalanlage?« Das Judentum kam dabei schlecht weg – es stand weit unten auf der Liste der spirituellen Auswahlmöglichkeiten. Von Juden wird furchtbar viel gefordert bei furchtbar geringer religiöser Erfahrung. Darauf können sie stolz sein und sind es auch. Sie sind treu auch in schweren Zeiten, wenn es wenig Trost für sie gibt. In der Tat, ihre Antwort auf harte Zeiten war immer, ihre Verpflichtungen zu vermehren. Was auch immer ihre Fehler sein mögen, und sie haben viele, Juden haben aus dem Judentum nie eine Religion für gute Zeiten gemacht, und sie sind nie wegen der Vorteile dabei geblieben, die sie daraus ziehen konnten. Das kulturelle Durcheinander der jüdischen Welt und die Stil-Unsicherheit, die sich daraus ergibt, können zu einer Vulgarität des Benehmens führen, aber dabei sind sie nicht vulgär. Ob sie »praktizieren« oder nicht, es würde ihnen nie einfallen zu denken, Gott sei da, um ihnen zu dienen. Sie wußten immer, daß es umgekehrt ist.

Eine Krise hat die jüdische Welt befallen. Jahrhundertelang haben die Juden Gottes Willen gefunden, indem sie über die Thora und über Israel meditierten, d. h. über die Gesetze, die ihnen überliefert waren, und über die Bedürfnisse des täglichen Lebens der Menschen und ihres Daseins. Die meisten Juden unserer Zeit haben große Teile jüdischen Gesetzes und jüdischer Tradition aufgegeben, und es ist unwahrscheinlich, daß sie je dazu zurückkehren werden. Aber was ist Israel? Während der Alptraum der Nazivergangenheit verblaßt, wird es schwieriger, Israels Zweck und Identität zu sehen, solange der Mittlere Osten von einer Krise in die andere taumelt. Es gibt so viele »Israels« in Politik, Religion und in Folklore.

Thora und Israel waren die alten Wege zu Gott, aber vielleicht ist heute der Weg umgekehrt. Vielleicht müssen wir zu Gott zurückkehren, bevor wir unseren Weg zum Sinn von Israel und Thora wiederfinden. Die vergangenen Jahrhunderte jüdischen Lebens waren gekennzeichnet durch Studium und Gesetz. Die neuen Gegebenheiten rufen uns vielleicht zum Gebet und zur Erfahrung göttlicher Dinge.

Im Judentum findet sich immer eine gewisse Hoffnungsfreudigkeit, in welcher Krise oder in welcher Lage es auch sein mag, und jeder jüdische Gottesdienst endet mit einem Aufschwung, der den unverwüstlichen Optimismus des Volkes bezeugt. Am Schluß des Gottesdienstes stehen Gedächtnisgebete. Die Worte sind überraschend und sehr jüdisch. »Möge Sein Reich kommen zu euren Lebzeiten und den Lebzeiten eurer Kinder!« Die Toten sind bei Gott. Obwohl dieses Gebet für sie gesprochen wird, ist es typisch, daß sie nicht erwähnt werden. Die Toten brauchen das menschliche Gebet nicht so sehr dringend, wohl aber ihre Kinder, die nächste Generation.

Während die Juden an ihr eigenes Leben denken und an die Verfolgungen, die sie erlitten, gelten ihre aufrichtigsten Gebete der menschlichen Zukunft. Das ist etwas, wofür Gebete nötig sind, das ist etwas, das sie gestalten können. Ob Passah im Haus oder die Gebete in der Synagoge, alle jüdischen Gottesdienste enden mit einer Wendung zur Zukunft – dem Tag, an dem Gottes Königtum etabliert sein wird, nicht nur im Herzen eines Gläubigen hier und dort, sondern fest auf der ganzen Erde, so daß es die Nationen und deren Gesellschaften lenkt. Paulus sprach von drei Tugenden – Glaube, Hoffnung und Liebe. Das sind auch jüdische Tugenden, aber temperamentmäßig neigen die Juden am meisten zur zweiten. Sie beteten um Hoffnung im Warschauer Getto und machten Witze, als sie den Davidstern trugen. Die Nationalhymne Israels heißt »Die Hoffnung«. Das ist die unweltliche Weltlichkeit ihrer Gebete, die so viel sagen und so wenig erbitten.

SIEBENTES KAPITEL

Wie seltsam von Gott ...

Frage:
Wie seltsam von Gott,
sich die Juden auszusuchen!

1. Antwort:
O nein, das ist es nicht,
Gott weiß, was Er tut!

2. Antwort:
Aber nicht so seltsam
wie die, die sich einen jüdischen Gott aussuchten
und die Juden mit Füßen treten.

Was macht Gott glücklich? Ein armer Teufel, der einen
Schatz findet und ihn zurückgibt.

Jiddisches Sprichwort

Die Mehrzahl der Juden hat es sich nicht ausgesucht, Juden
zu sein, sie wurden als Juden geboren. Nicht sie haben Gott
gewählt, Gott hat sie erwählt, und dagegen können sie nichts
machen, selbst wenn sie es wollten. Dies Gefühl für das
Schicksalhafte, das Vorherbestimmte, wurde durch die jüngst
vergangenen Verfolgungen verstärkt. Im Mittelalter war die
Taufe ein Paß in die Freiheit. Es ist ein Wunder, daß so wenige davon Gebrauch machten. Doch keine Zeremonie konnte
das Blut in unseren Adern verändern oder unsere Abstam-
mung auslöschen. Es gab keine Urkunden und kein Bekennt-
nis, das die Juden aus den Zügen in die Konzentrationslager
hätte herausholen können. »Als Jidd wurde ich geboren, und
ich bin ein Jidd«, sagt ein Volkslied. Diese platte Feststellung
war gute Theologie und schmerzhafte Wirklichkeit.
Für die Juden ist also die wichtigste Tatsache ihres Lebens
entschieden, ohne daß sie gefragt worden wären. Vielleicht
trifft das auf alle Menschen zu, aber für die Juden ist es offensichtlich, und sie sind sich dessen bewußt. Dieses Bewußtsein
reicht sehr weit zurück in die jüdische Vergangenheit. Es wird
ganz brutal im frühen Talmud festgestellt: »Ohne deine Zu-

stimmung wurdest du geboren, und ohne deine Zustimmung lebst du, und ohne deine Zustimmung stirbst du, und ohne deine Zustimmung mußt du Rechenschaft ablegen vor dem König des Königs der Könige, dem Heiligen, gepriesen sei Er.«

Jüdische Problematik kreist darum nicht um Bekehrung oder Bekehrungserfahrungen. Dieses Stadium ist vorbei, ob es uns paßt oder nicht. Schon wenn wir geboren werden, finden wir uns in einem fahrenden Zug – Gott ist der Fahrer, und es ist nicht leicht abzuspringen. »Spiritualität« ist die Antwort des Juden auf diese Situation, nicht eigene Wahl. Aufgrund dieser Tatsache, dieser objektiven Tatsache, betrachten wir unsere Spiritualität und ihre Problematik mit einem gewissen Abstand. Von Anfang an sind wir uns eines stärkeren Willens bewußt als unseres eigenen, dessen Macht unser Leben und unsere Pläne begrenzt. Religion ist nicht unsere subjektive Erfahrung, die man kultiviert, um sie zu veranschaulichen, sondern objektive Tatsache. Sie ist nicht etwas, das in der Verborgenheit des menschlichen Herzens gesucht wird, sie ist vielmehr nur zu sichtbar in täglicher Erfahrung.

Juden sind also gewöhnliche Menschen, die sich im Heilsplan Gottes wie in einem Wirbelwind gefangen finden. Sie müssen ihr Leben, so gut sie können, zwischen der Kraft des Geistes und dem Widerstand der Welt einrichten. Die Reise hat ihre aufregenden Momente, sie ist weder bequem noch gemütlich.

Da sie einfache Menschen sind, haben die meisten Juden nicht den Wunsch, große Heilige, große Dulder oder überhaupt etwas Großes zu sein. Sie möchten nicht an der Grenze des Wahnsinns oder der Inspiration leben, und sie wenden sich ihrer Religion zu, damit sie ihnen helfe, ein gewöhnliches Leben in einer außergewöhnlichen Situation zu führen. Religion soll nicht die Empfindungen verstärken, sondern sie tagtäglich nutzbar und lebbar machen. Antisemitismus, Vorurteil, Flüchtlinge, Ausnahmezustände und Verfolgungen sind nicht die Erfahrungen eines Augenblicks, es sind Tatsachen, mit denen man sein ganzes Leben lang leben muß. Die Synagoge, das Gesetz und die unzähligen Details jüdischer Bräuche sollen nicht eine außerordentliche Erfahrung verschaffen, sondern sie sind da, um sie auszugleichen, zu analysieren und auf ihr normales Maß zurückzuführen. Die Auserwähltheit und Besonderheit der jüdischen Geschichte sind in sich selbst merkwürdig genug und bedürfen keiner Betonung.

Spiritualität bedeutet für einen Christen etwas anderes als für einen Juden, denn sie leben in verschiedenen Situationen. Gott hat ihnen verschiedene Aufgaben gestellt, und sie haben verschiedene Bedürfnisse. Für Christen ist Spiritualität Aufschwung nach oben oder ein Weg nach innen – ein Abenteuer der Seele, die in eine dunkle Nacht reist. Für einen Juden ist Spiritualität ein Weg, in der Nacht der Verfolgung und der Dunkelheit dauernder Unsicherheit normal zu bleiben. Für einen Christen ist jüdische Spiritualität immer prosaisch. Für einen Juden ist der Weg des Christen phantastisch. Man kann einander verletzen, wenn man sich mißversteht, weil man einander nahe ist, nicht aber, wenn man so weit voneinander entfernt ist, daß man sich überhaupt nicht versteht.

Eine der großen Aufgaben jüdischer Spiritualität ist es, sich Gottes Willen anzupassen und dabei aufrecht zu bleiben. Weil das sehr verschieden von den Aufgaben der Spiritualität anderer Traditionen ist, muß sie andere Mittel anwenden. Die typischste Waffe jüdischer Spiritualität ist Humor. Davon gibt es in den meisten Heiligen Schriften nicht viel. Im Alten und im Neuen Testament finden wir Wortspiele und vermutlich mehr Ironie, als wir zunächst bemerken. In der Geschichte von Mose steckt Humor, und Gott verbeißt sich sicher das Lachen bei der letzten Unterhaltung mit Jonas außerhalb der Wälle von Ninive. Aber sonst gibt es in beiden nicht viele Witze. Gott und sein Volk zeigen Ärger und Freude, lächeln dagegen sehr selten.

Humor ist ein Spätkömmling im jüdischen Leben. Die ersten wirklichen Witze, über die ein gewöhnlicher Mann, der kein Gelehrter ist, lachen kann, kommen im Talmud vor. Bis dahin sind die meisten Schriften so humorlos wie die von Karl Marx; beide sind moralisch, kraftvoll, sarkastisch, aber nicht sehr lustig, wenn auch die Bibel zugänglicher ist. Humor quillt auf im jüdischen Volk, als der Tempel untergeht, zusammen mit den erkennbaren Wahrzeichen jüdischen Lebens. Beide, Christentum und Judentum, mußten mit weltlichen Niederlagen fertig werden. Ersteres bedient sich des Paradoxes und verkehrt eine weltliche Niederlage in einen Sieg des Geistes. Letzteres versucht mit der Niederlage wie mit einer normalen Bedingung der Existenz zu leben und benutzt dazu Humor. Fast heimlich, wie ein Dieb in der Nacht, stahl sich Gottes sonderbarstes und heilsamstes Geschenk in die Herzen Seines Volkes und veränderte die Strenge ihres Charakters. So erfüllen nun die Nachfahren der halsstarrigen Hebräer Seinen Willen auf der New Yorker oder Londoner Bühne oder in den Ateliers von Hollywood und verwandeln Bitterkeit in Gelächter und läutern Mißerfolg und Niedergeschlagenheit.

Die Sprache der alten Offenbarungen waren Hebräisch. Das Wort, das zu den Propheten kam, war in die Würde und Kraft dieser Wüstensprache gekleidet. Die tänzerische Eigenschaft der neuen Gabe brauchte ein anderes Medium. Unangekündigt von Trompetenschall, verachtet von den Gelehrten, tauchte unter den Juden ein Jargon auf, in dem diese plötzliche unerwartete Gnade sich ausdrücken ließ. Neben dem Hebräer Don Quijote, großartig außer Tritt mit der Welt, reiten einige Sancho-Pansa-Gestalten – das Jiddische mit seinen Witzen und das Ladino mit seinen Liebesliedern. Erst jetzt, da beide fast tot sind, ermordet durch die Humorlosigkeit und den Haß der Nazis, werden sie richtig gewürdigt und eingeschätzt. Die Welt wendet sich diesen Witzen zu wegen ihres Mitgefühls, ihrer Einsicht und ihrer Kraft.

Dieser Humor der Juden ist nicht nur ein leichter Trost, er ist außerordentlich tief. Er nimmt die Bitterkeit aus dem menschlichen Herzen und reduziert Könige, Kaiser und Diktatoren auf ihre tatsächliche Größe. Auch Groucho Marx »stürzt die Mächtigen von ihren Thronen und erhöht die Niedrigen«. In seinen alten Stummfilmen finden wir dieselbe Umkehrung wie in dem Magnificat Marias. In jüdischen Witzen ist Hitler nicht eine gehaßte, sondern eine klägliche Gestalt.

Der »Witz« ist das Vehikel des Mitleids. Durch diesen Humor kommt Gott den Juden nahe und durch sie allen Menschen. Bud Flanagan, die Marx Brothers, Danny Kay und die zahllosen Komiker jüdischen Lebens – jede Familie hat einen – sind die Therapeuten, die dem verwundeten Geist der Menschen Heilung bringen.

Heutzutage ist Spiritualität ein Geschäft, keine Kunst. Es gibt für sie Lehrbücher und Titel. Man lehrt sie, und Studenten legen darin Prüfungen ab. Wir versuchen alles ordentlich und respektabel zu machen, selbst die Inspiration. Gott aber hat andere Ideen, und Seine – nicht unsere – Wahl der Vehikel und Boten überrascht immer wieder. Er hat sozusagen einen allumfassenden Geschmack. In vergangenen Zeiten sprach Gott durch Patriarchen und Propheten. Dann, als Sein Volk versuchte, sein Leben nach Katastrophen wieder aufzubauen, sprach Er durch Juristen und Rabbiner. Heute sind die lebendigen Kanäle Seines Wortes noch mannigfaltiger – Schriftsteller, Komödianten oder ein Teenager in Amsterdam. Seine Botschaft hat sie außergewöhnlich gemacht. Aus den Katastrophen der jüdischen Geschichte erwuchsen große religiöse Werke, die sie dem verwirrten Volk erklärten. Nichts dergleichen entstand nach dem letzten Massenmord. Oder vielleicht doch? Nur sind wir zu snobbistisch, um den göttlichen Trost in den jüdischen Witzen aus dieser Zeit oder im »Tagebuch der Anne Frank« zur Kenntnis zu nehmen. Und diese unerwartete Offenbarung des Possenreißers hat die Grenzen der jüdischen Welt überschritten und ist in die Welt des christlichen Geistes eingedrungen. Neben den steifen katholischen Erzengeln des polnischen Schriftstellers Zbigniev Herbert, steht ein anderer mit einem jiddischen Namen, der sich über die Grenzen von Himmel und Hölle schleicht mit dem Humor, den Gott den Juden in ihrem Unglück schenkte.

Der siebte Engel
ist ganz anders
er heißt sogar anders
Schemkel...

Schemkel
ist schwarz und nervös
vielmals vorbestraft
für den Schmuggel mit Sündern

Zwischen Abgrund
und Himmel hallt
sein ständiges Gestampfe

Er hält nicht auf seine Würde
und man läßt ihn in dieser Schar
nur mit Rücksicht auf die Zahl Sieben
aber er ist nicht wie die andern...

Schemkel Schemkel
– murren die Engel
warum bist du so unvollkommen

Byzantinische Maler
wenn sie die sieben
    malen
zeigen Schemkel
ähnlich den andern

sie meinen nämlich
sie würden der Lästerung
    schuldig
wenn sie ihn malten
so wie er ist
schwarz nervös
im alten ausgefransten
Glorienschein

Aus: Zbigniev Herbert, Inschrift, Gedichte, herausgegeben und übertragen
    von Karl Dedecius, Frankfurt 1973.

Humor ist nicht nur schmerzlindernd, er bringt auch das Unendliche auf die Erde herab. Gott hat in der jüdischen Theologie keine menschliche Gestalt, aber Er offenbart eine sehr menschliche Psyche in jüdischen Witzen. Da tritt Er ein in die Leiden und Paradoxe dieser Welt und erfährt die menschlichen Gegebenheiten. Da ist Er immanent, wenn auch nicht Fleisch geworden, und eine fein gesponnene Brücke des Lachens erstreckt sich über die Leere und verbindet Geschöpfe aus Fleisch und Blut mit der Unendlichkeit des *Ein Sof* und der lähmenden Macht des Herrn der Heerscharen.

Humor ist das große Lösungsmittel, das der Strenge entgegenwirkt, zu der das Judentum neigt. Wenn eine Religion sich so auf Gemeinschaft und äußere Werke konzentriert, wie es das Judentum tut, neigt sie zu bestimmten Krankheiten. Sie beschäftigt sich so mit dem Tun im Gegensatz zum Sein, daß ihre Spiritualität eine Art Mathematik wird. Juden neigen dazu, die Zahl der Gesetze, die sie gehalten haben, zusammenzuzählen und sich dann anzusehen, was die anderen fertiggebracht haben, und die Ergebnisse zu vergleichen. In diesem pietistischen Spiel gewinnt der, der die höchste Zahl hat. Mechanischer Pietismus ist der Preis für spirituelle Objektivität. Wenn die Leidenschaft für das Detail zu Besessenheit ausartet, wird die jüdische Welt anfällig für

Zwangsneurosen. Rabbiner und Gemeinden untersuchen die Gummierung von Briefmarken, das Öl in Sardinenbüchsen und sind auf der Suche nach koscheren, kußechten Lippenstiften. Ernsthafte Versammlungen beschäftigen sich mit der Frage der levitischen Unreinheit, die der mumifizierte Körper von Jeremy Bentham in der Universität London hervorruft. Nur Humor und heilige Witze retten die jüdische Welt vor Lächerlichkeit. Häresie und Fanatismus sind das Ergebnis allzu logischer Geister, und Humor ist das beste Gegengift.

Liturgie ist normalerweise zu erhaben für Witze. Ihre Schöpfer vermischen ungern das Genre, zu viele schwache Punkte kommen an den Tag. Da und dort in der jüdischen Liturgie hatten Rabbiner genug Mut und gesunden Verstand, um Witze in ihr zu verstecken, umrahmt von Danksagungen und Psalmen. Am Passahfest wird eine Parodie rabbinischer Exegese benutzt, um die Zahl der Plagen zu vergrößern, mit denen Gott Ägypten schlug. Die Parodie bläht die Plagen auf, aber sie entschärft auch den Nationalismus, der in der Geschichte steckt. Auch zum Purim – dem Fest der Ester – finden wir eine Parodie: Drei Rabbiner treten in der Synagoge vor, um einen jüdischen Gerichtshof mit bindender Autorität darzustellen und entscheiden gemäß rabbinischem Recht und rabbinischer Methodik komische Fragen, die ihnen die Gemeinde stellt. In einer Welt, in der Religion juristisch ist und Richter große Autorität besitzen, hält das die Amtsträger demütig. Durch dieses Tor kommen sie zur Selbsterkenntnis.

Christen und Juden werden die gleichen Tugenden gelehrt, aber mit sehr verschiedenen Mitteln. Nicht indem er auf die Knie fällt, sucht der Jude Demut, sondern indem er sich in Witzen selbst erniedrigt. So ersetzt er Gewissenserforschung durch Selbst-Entfremdung. Er betrachtet sich selbst mit ironischer Objektivität und spiegelt sich in vielen Kulturen; das Ergebnis ist nicht unähnlich.

Diese Objektivität der Religion beeinflußt auch die Art, mit der Juden sich mit Dingen beschäftigen, die den Kern der Religion ausmachen. Gott ist nicht von ihren Gefühlen abhängig, und ein Abgrund trennt sie voneinander. Dieser Abstand hilft den Juden, das Wirken des Allmächtigen mit einer gewissen Klarheit zu sehen und zu akzeptieren. Es wird nicht angenommen, daß Er den Kosmos eingerichtet hat, um ihn persönlichen Bedürfnissen anzupassen, oder daß die mächtige Schöpfung in menschliche Vorstellungen paßt. Im Gebet stehen Juden aufrecht Gott gegenüber. Sie haben ihre eigene Stellung und ihren eigenen Rang. Der Abstand, der zuerst abschreckend scheint, verhilft den Juden dazu, sie selbst zu sein und auch den Allmächtigen Ihn selbst sein zu lassen. Der Abstand ist notwendig für die Freiheit, damit sie sich gegenseitig nicht ersticken.

Das Zentrum des Christentums ist ein Kreuz. Es ist der Mittelpunkt aller christlichen religiösen Wege. Überwundenes und transzendiertes Leiden ist ein Weg, der zu Gott führt. Im Judentum gibt es kein Kreuz. Glück und Leid, Schmerz und Freude führen alle zur Erkenntnis des Willens Gottes, und es ist sowohl menschlich wie auch legitim, die schmerzvolleren Wege zur Erkenntnis zu vermeiden, wenn es irgend möglich ist. Man würde es für töricht halten, anders zu handeln. Strenge und Buße existieren zwar an den Grenzen des heutigen Judentums, aber man mißtraut ihnen. Nur der kleine Rest, der allen psychologischen Tests standhält und gut in Tradition verpackt ist, wird widerwillig durch die religiösen Türen eingelassen.

Das bedeutet nicht, daß Juden irgendwelche Illusionen über das Gleichgewicht von Freude und Schmerz im menschlichen Leben hegen. Im Gegenteil, das Judentum setzt voraus, daß der Anteil an Schmerz recht groß ist. Es kommt von außen soviel davon, daß es nicht die Aufgabe der Religion sein kann, sie noch durch innere Leiden zu vermehren. Aufgabe der Religion ist es, von der Beschäftigung mit dem Leiden wegzuführen, damit die Menschen geistig gesund bleiben und ihr Gleichgewicht behalten. Die Größe des Judentums, liegt nicht darin, Leid zu transzendieren, sondern es auf ein erträgliches Maß zu reduzieren. Von ihren Erfahrungen her müßten die Juden ein Kreuz in die Mitte ihres Glaubens stellen. Sie tun es nicht, denn das wäre eine Verzerrung ihrer Aufgabe, die darin besteht, Gottes Reich in einer chaotischen Welt aufzurichten und Seine Gefangenen der Hoffnung zu sein.

Der letzte Krieg brachte Christen und Juden einander näher. Die Christen waren von einer Welle tiefen Mitgefühls für ihre jüdischen Brüder ergriffen, die durch die Erfahrung einer Kreuzigung gegangen waren. Sie sahen die Juden in einem apokalyptischen Licht, und das Inferno des Massenmordes führte direkt zu der epochalen Errichtung eines jüdischen Staates. Ihr Blick wandte sich von den Konzentrationslagern nach Israel, aber dabei übersahen sie ein alltägliches und sehr jüdisches Phänomen. Das ist nicht verwunderlich, denn viele Juden taten es auch, es war so natürlich. In ganz Europa versammelten sich die Überlebenden der dezimierten Gemeinden und versuchten mühevoll im Schatten der Konzentrationslager das alte Leben wieder aufzubauen. Man wandte sich ab von den Leiden und den Erinnerungen. Diese kleinen »Überleber«-Gemeinden schienen so normal; aber in dieser Lage normal zu sein war in sich selbst ein stoischer Heroismus. Nur wenn man das Judentum von innen her versteht, enthüllt sich diese unsensationelle Stärke und ihr Sinn.

Es gibt immer wieder einen Witz, der die jüdische Erfahrung illustriert. In Tel Aviv wurde verkündet, daß Gott die Stadt wegen ihrer Sünden mit einer zehn Meter hohen Flutwelle überschwemmen würde. Moslems gingen in ihre Moscheen, um eine rasche Versetzung in das Paradies vom Propheten zu erbitten. Christen gingen in ihre Kirchen, um die Fürbitte der Heiligen zu erflehen, aber die Juden gingen in die Synagogen und beteten: »Herr Gott, es wird schwierig sein, unter zehn Metern Wasser zu leben!«

Seit Jahrhunderten leben Juden im Ausnahmezustand. Es war kein innerer Feind, kein Satan, der das moralische Gewebe des Volkes zerfraß, sondern ein äußerer. Wieder und wieder schrillt das Alarmzeichen, die Flüchtlingstrecks formieren sich, die Menschen schultern ihr Gepäck und gehen. Es ist weder Zeit noch Platz, viel mitzunehmen. Man packt, was möglich ist, in den Handkoffer und besteigt den ersten Zug hinaus in eine andere Kultur, wenn man das Glück hatte, ein Einreisevisum zu bekommen. Es sind die Brechtschen Flüchtlinge, die »ihr Land öfter wechseln müssen als ihre Schuhe.« Nach all den Jahrhunderten gilt das alte Muster immer noch. Sie sind immer noch eine Gruppe wandernder Aramäer, die vor einem anderen Pharao fliehen, um zu einer neuen Begegnung mit dem Jenseitigen geführt zu werden.

Anpassungsfähigkeit, nicht Starrheit ist die religiöse Forderung in dieser Lage. Sie können sich nicht zuviel Erinnerung leisten, denn sie würden darin ertrinken. Jede jüdische Familie hat ihre Erinnerungen – vielleicht ein Dorf im vorrevolutionären Rußland, ein Café in Berlin oder Wien vor 1933, ein Haus in Alexandrien, die Erinnerung an andere Städte und Kulturen, die sie auf dem Weg passiert haben. Wieder und wieder denken die Juden zurück an vergangene Dinge – auch Proust war Jude! Jiddische Akzente, die für teures Geld in englischen Public Schools ausgemerzt wurden, tauchen plötzlich wieder auf; jemand summt ein sentimentales Lied von einer jiddischen Momma, und eine Nostalgiewelle droht alle Anwesenden zu überfluten. Diese Nostalgie hat sich in Volkslieder und Tanzmusik eingeschlichen, und ab und zu schwelgt die ganze Welt in jüdischen Erinnerungen und beweint eine Momma, die sie nie gekannt hat, und versucht mit den Juden die Lieder des Herrn in einem fremden Land zu singen.

Das ist nur ein Sicherheitsventil, aber es besteht immer die Gefahr, daß es mehr wird – ein Gefängnis mit Erinnerungen, das die Juden einschließt und sie abhält von der Wirklichkeit, der Arbeit und dem Willen Gottes. Das ist Teil des Preises, der dafür gezahlt werden muß, »das Volk Gottes« zu sein. Dieser Ausdruck, der so verlockend klingt, war beim 2. Vatikanischen Konzil sehr populär, ebenso wie das Wort von der »pilgernden Kirche« auf Erden. Die Folgen sind nicht sehr reizvoll, und die Christen wären wohlberaten, die jüdische Erfahrung zu betrachten und die Kosten der Reise zu bedenken.

Es heißt, sich an eine Macht zu binden, die die Völker von Land zu Land, von Kultur zu Kultur in Bewegung setzt. Es heißt, geschichtlich und auch geographisch heimatlos zu sein.

Es heißt, Sicherheit und Beständigkeit aufzugeben. Für die Reise sind vor allem Schlauheit und Anpassungsfähigkeit vonnöten, um in allem Wechsel aufrecht zu bestehen. Man braucht Sinn für Humor, um mit der Unsicherheit und Bitterkeit fertig zu werden, die sie bringen kann. Da das »Volk Gottes« nicht überall Märtyrer sein kann, muß es sich niederlassen, wo es kann. Es muß versuchen, so behaglich wie möglich mit diesem ungeheuren Willen zu leben, der sie aus Wüsten in reiche Vorstädte und von da in Konzentrationslager schleift.

Die Überreste des Mittelalters starben im letzten Krieg, und die Mentalität, die sie erzeugten, verschwindet mit den Formen mittelalterlicher Frömmigkeit. Seltsame Veränderungen haben stattgefunden. Zum ersten Mal seit Jahrtausenden ist das Judentum eine etablierte Staatsreligion, und Christen müssen Gesuche an ein jüdisches Ministerium für religiöse Angelegenheiten richten. Für die Christen hat sich die Ordnung auch verändert. Die Haltung des Konzils von Trient nimmt sich seltsam aus in einer säkularen Welt und wird vom kommunistischen Osten nur belächelt – als historischer Anachronismus, der sich von der Wirklichkeit gelöst hat. Die Christen wenden sich einem älteren Bild zu, das besser zu ihrer gegenwärtigen Lage paßt. Sie erkennen wieder, daß sie das »Volk Gottes« sind, das durch wirkliche Geschichte und nicht durch eine Folge von Versuchungen wandert, eine pilgernde Kirche auf Erden. Das Leben auf dem Weg bringt die beiden Religionen zusammen oder zumindest einander näher; denn beide sind Zigeuner Gottes. Die Juden haben viel zu berichten von den Gefahren und Freuden dieses Weges; was man wissen muß, was man mitnehmen kann, welche Eigenschaften ein solches Leben erfordert, welches Wegegeld zu zahlen ist, welche heiligen Kompromisse und Anpassungen nötig sind und welche Gefühle man einem Herrn gegenüber hat, der uns auf solche Reisen schickt.

ACHTES KAPITEL

Den Weg zum Himmel erstreiten

> Herr des Universums, Du tust soviel, um mich meinem
> Glauben untreu werden zu lassen, aber ich versichere
> Dir, auch gegen den Willen der Himmelsbewohner, daß
> ich ein Jude bin und ein Jude bleiben werde; und weder
> die Leiden, die Du hast über mich kommen lassen, noch
> was Du sonst noch über mich kommen lassen willst,
> wird daran etwas ändern.
>
> Salomon Ibn Verga

> Guten Morgen, Allmächtiger Gott,
> Ich, Levi Jitzchak, Sohn von Sara von Berditchev,
> komme wegen eines Urteils gegen Dich.
> Was willst Du von Deinem Volk Israels?
> Bei der kleinsten Sache sagst Du,
> »Sprich zu den Kindern Israels«.
>
> Rabbi Levi Jitzchak

Die jüdische Religion ist geräuschvoll. Die Gläubigen sind
selten still. Hosea sagte: »Nehmt Worte mit euch«, und dieses
Gebot wenigstens ist gründlich befolgt worden. Und als ob
der Mund noch nicht genug wäre, benutzen die Juden auch
ihre Hände, wenn sie sprechen, streiten und diskutieren. Sie
tun das untereinander und auch mit Gott.
Sogar das göttliche Gesetz studieren Juden paarweise, damit
sie besser miteinander streiten können. Wie kann man mit
sich selbst streiten? Vielen ist diese heftige Begegnung mit der
Religion unbehaglich. Ihrer Meinung nach sollte Gott in der
Stille gesucht werden, mit ehrfürchtig geneigtem Kopf, den
Geist einladend leer, die Augen ehrfürchtig geschlossen. Wie
kann man das Göttliche in der Atmosphäre eines heiligen
Boxkampfes suchen? Und doch ist das die Bedeutung des Namens Israel, »jemand, der mit Gott kämpft«. Er wurde Jakob
nicht nach einer stillen Meditation verliehen, sondern nach
langem und wirklichem Kampf mit einem Gesandten Gottes.
Juden machen auch in ihrer Religion die Menschlichkeit der
Menschen geltend: die streitlustige, widersprechende, leidenschaftliche Seite unserer Natur, die Gott in uns hineingelegt

hat. Wir sind kein heiliges Gemüse, heilige Spargel, die still nach oben wachsen und sich den göttlichen Anforderungen in trägem, erdhaftem Schweigen anpassen.

Vor einer Auseinandersetzung braucht man auf der Suche nach Heiligkeit nicht zurückzuscheuen. Es mag vulgär erscheinen, aber die Propheten und Märtyrer waren viel zu leidenschaftlich, um sich wie Gentlemen zu betragen und niemals ihre Stimme zu erheben. Die richtigen Bedingungen vorausgesetzt, kann man sich seinen Weg zu Gott hin erstreiten. Das ist tatsächlich einer der speziell jüdischen Wege zur Heiligkeit. Er beeinflußt die jüdische Weltanschauung, die Weise ihres Denkens, und trägt nebenbei zum Humor der säkularen Welt bei. Streiten und Verhandeln sind nichts Neues bei der religiösen Suche – es gibt sie in der frühesten hebräischen Tradition und noch dazu in der heiligsten und erhabensten.

Abraham betet nicht nur passiv zu Gott und stellt Bitten an den Allmächtigen, er handelt mit Ihm. Er feilscht um das Geschick der Leute von Sodom mit der gleichen Hartnäckigkeit wie jeder Händler auf einem jüdischen Markt. Der Unterschied ist – und der ist sehr wichtig –, daß er nicht für sich selbst streitet. Das Streiten hört nie auf. Bileam streitet mit seinem Esel, Mose mit den Kindern Israels, die Kinder Israels miteinander und mit ihrem Schöpfer. Schließlich ist Er ja ihr Vater, kein Fremder, und wie alle Kinder streiten sie mit Ihm. Von Zeit zu Zeit schreien sie »das ist nicht fair«. So etwas kann man tun, wo Intimität und Vertrauen herrschen. Es ist viel natürlicher und frommer, als wenn man Gott unter ein theologisches Mikroskop legt und Ihn wie ein Demonstrations-Meerschweinchen seziert, mit einer Objektivität, die nichts von dem freien Spiel und der Intimität der Liebe hat.

Ein hübsches Beispiel dieser heiligen Auseinandersetzung gibt es im Buch Hosea. Gott ist dabei, Sich von Seinem Volk wegen Ehebruchs zu scheiden. Der Prophet setzt sich in diesem Fall als Verteidiger für sein Volk ein. Er zieht seine Erfahrungen heran, die nicht unerheblich waren, denn er war mit einer Dirne verheiratet. Ein anderes Beispiel jüdischen Streitens findet sich im Talmud. Da es ganz lakonisch zum besten gegeben wird, ohne daß daraus Folgerungen gezogen würden, zitiere ich es so, wie es in *Baba Metzia,* einem Traktat des Talmuds, mitgeteilt wird. Der Leser kann seine eigenen Folgerungen daraus ziehen. Ich möchte nur seine Aufmerksamkeit auf die Schlüsselaussage dieser Balgerei zwischen den Rabbis und dem Allmächtigen lenken, damit ihre Seltsamkeit und Tiefe nicht übersehen werden.

Bei einer Gelegenheit gebrauchte Rabbi Eliezer alle nur möglichen Argumente, um seine Ansicht zu untermauern, aber die Rabbiner nahmen sie nicht an. Er sagte: »Wenn ich recht habe, soll sich dieser Johannisbrotbaum hundert Meter von seinem Platz bewegen.« Er tat es... Sie sagten: »Ein Baum kann nichts beweisen.« Dann sagte er: »Der Kanal soll es beweisen.« Das Wasser im Kanal floß rückwärts. Sie sagten: »Wasser kann nichts beweisen.« Dann sagte er: »Die Mauern dieses Studienhauses sollen es beweisen.« Da bogen sich die Wände des Hauses einwärts, als ob sie zusammenfallen würden. Rabbi Joshua rügte sie und sagte zu ihnen: »Wenn die Gelehrten über das Gesetz disputieren, was geht das euch an?« Also, um Rabbi Joshua zu ehren, fielen die Wände nicht um, aber um Rabbi Eliezer zu ehren, wurden sie auch nicht wieder gerade. Dann sagte Rabbi Eliezer: »Wenn ich recht habe, sollen es die Himmel beweisen.« Da sprach eine himmlische Stimme: »Was habt ihr gegen Rabbi Eliezer? Das Gesetz ist immer auf seiner Seite.« Da stand Rabbi Joshua auf und sagte: »Es ist nicht im Himmel« (Dtn 30,12). Was meinte er damit? Rabbi Jeremia sagte: »Das Gesetz wurde uns am Sinai gegeben. Wir beachten keine himmlische Stimme. Denn schon am Sinai sagte das Gesetz: »Ihr sollt mit Mehrheit entscheiden« (Exodus 23,2 homiletisch ausgelegt). Da begegnete Rabbi Natan dem Elija und fragte ihn, was Gott in jener Stunde gemacht habe. Elija antwortete: »Er hat gelacht und gesagt: ›Meine Kinder haben gewonnen.‹«

Es ist wichtig, daß heute dieser traditionelle Streit auf der Suche nach Heiligkeit fortgesetzt und in die Tradition hineingenommen wird. Die religiöse Annahme steht am Ende, aber man kann sich den Weg dahin nicht mit falscher Passivität erschwindeln. Es ist selbstverständlich, natürlich und richtig, gegen das Leid, das uns selbst oder andere befällt, zu protestieren. So vieles erscheint unverdient, zwecklos und inkonsequent. Für einen Juden ist es nicht richtig, Verfolgung und Konzentrationslager einfach zu erdulden. Er hat einen Mund bekommen, um zu fragen, und Glieder, um zu handeln. Erst wenn man es mit Protest und Aktion versucht hat und der Streit bis zur letzten Instanz durchgekämpft worden ist, kann man es sich leisten, mit Anstand aufzugeben und vor dem Willen Gottes zu resignieren.

Man vergißt oft, wie jüdisch Jesus in all seinen Reaktionen war. Im Garten nahm er den Kelch des Leidens und der Bitterkeit nicht fraglos an. Wir wissen nicht genau, was gesagt und was laut gesprochen wurde, aber einige bezeichnende Worte sind uns überliefert: »Vater, laß diesen Kelch an mir vorübergehen ... aber nicht, wie ich will, sondern wie Du willst.« Auch hier haben wir das Zeichen von Auseinandersetzung und Kampf, denn kein Jude wird je Gottes Roboter sein. Er wurde nicht als religiöser Automat oder menschliche Gebetsmühle erschaffen. Er muß sich Gottes Willen aneignen, und das heißt Auseinandersetzung auf der höchsten Ebene des Seins. Heiliger Streit ist nach jüdischer Erfahrung der vornehmste Weg zu Gott, und Dialektik ist auf dem Weg zum Allmächtigen für einen Juden so wirksam wie der Rosenkranz für einen Katholiken.

Gott hat nie aufgehört, zu Seinem Volk zu sprechen, und Sein Volk hat nie aufgehört, Ihm zu antworten – etwa wie eine Unterhaltung mit einem »Sprechfunkgerät« oder einem Zweiwegradio. Die Bibel ist der erste Teil der Auseinandersetzung und der Talmud der zweite, und er ist noch streitlustiger als sein Vorgänger. Er ist in der Tat so streitlustig, daß viele Juden erschrecken, wenn sie zum ersten Mal einen Blick hineinwerfen. Es hängt davon ab, was man von einem religiösen Buch erwartet und welche Art religiöser Suche man wünscht. Denn der Talmud ist kein Buch religiöser Lösungen, er ist ein Buch religiöser Auseinandersetzung. Der Streit erstreckt sich durch alle Bände dieses Riesenwerkes. Die Rabbis streiten miteinander, dasselbe tun die Generationen, und der Allmächtige streitet mit Sich Selbst. Der Weg zum Himmel ist voll vom Lärm der Diskussionen und heiligen Auseinandersetzungen. Gelegentlich pausieren alle Beteiligten, die Rabbiner, die Generationen und der Allmächtige Selbst, als ob sie alle Atem holen wollten, und eine heilige Lösung wird geboren. Aber das geschieht mit einem gewissen Widerstreben. Die Realität fordert Entscheidungen, die Welt bricht ein, und der heilige Streit wird bedauerlicherweise gestoppt, bevor sein ganzes religiöses Potential ausgeschöpft wurde. Bei den Auseinandersetzungen geht es nicht nur um endgültige Lösungen, sie existieren um ihrer selbst willen, als ein Weg der Reinigung. Wenn man richtig streitet, reinigt man seinen Geist und seine Leidenschaften.

Die Schulen Schammais und Hillels stritten in der Zeit vor Jesus über alles, und die Auseinandersetzung zwischen ihnen schwingt in den ersten Jahrhunderten des Talmuds nach. Was war richtig? Gott schien keine große Hilfe zu sein. »Die Ansichten dieser Männer«, sagte Er, »und jene Ansichten sind Worte des lebendigen Gottes.« Für praktische Dinge allerdings empfahl Er Hillel. So geht es mit vielen Entscheidungen im Leben. Es kommt auf die Art und Weise an, wie wir zu Entscheidungen kommen, sie selbst sind nicht so wichtig. Sollen wir sitzen, oder wollen wir stehen? Beide Haltungen haben ihre Vor- und Nachteile. Weil man die eine wählt, ist die andere nicht falsch. Nach jüdischem Gesetz ist die abgelehnte Lösung nicht notwendigerweise häretisch. Sie kann später einmal an die Reihe kommen.

Ein Ehestreit kam vor einen Rabbi. Dieser hörte die Frau geduldig an und sagte: »Du hast recht.« Der Ehemann mischte sich ein, und der Rabbi hörte auch ihn an und überlegte sorgfältig. »Auch du hast recht«, sagte er. Ein Zuschauer rief aus: »Wenn sie recht hat, wie kann dann er recht haben?« Der Rabbi erwog auch das. »Und auch du hast recht«, rief er aus. Hat man jüdische Ohren, wird man hören, und hat man jüdischen Verstand, wird man verstehen. Das Judentum spricht nicht die Sprache griechischer Logik, seine Botschaft ergeht in der Flexibilität der »maschal« – der Gleichnisse, und sein Geheimnis ist im Innern der Witze verborgen.

Auch ein Kartenspieler, der etwas auf sich hält, weiß, daß die Qualität des Spiels wichtiger ist als der Gewinn. Wenn das beim Kartenspielen zutrifft, wieviel mehr in der Religion, wo es um Sinnbilder des ewigen Lebens geht. Wenn man das versteht, kann man den Talmud lesen. Man versteht, warum Rabbiner Gottes Willen gern bis in bizarre und unwahrscheinliche Gebiete verfolgten und das nur teilweise im Scherz, denn der Weg ist so wichtig wie das Ergebnis. Man ist versucht aufzugeben, aber bevor man sich an frommere Bücher macht, sollte man an den Streit und die Konklusionen denken. Man sollte auch an die Leute im Talmud denken, die sich stritten. Es waren Doktoren, Anwälte und Beamte, und viele von ihnen starben für diese Argumente mit Tapferkeit und Frömmigkeit. Ein Zenmeister wird den verborgenen Sinn dieser anscheinenden Sinnlosigkeit leicht unter der Oberfläche sehen.

Rabbiner haben darüber gestritten, ob man am Sabbat eine automatische Uhr tragen darf. Entspricht eine rituelle Hütte, die ja zum Himmel offen sein muß, aber unter einem verankerten Zeppelin errichtet wird, der Vorschrift? Wenn ein Mann den Scheidungsbrief auf das Blatt eines Baumes schreibt, ist er dann gültig? Wenn ein Tropfen Milch in die Fleischsuppe fällt, darf diese dann gegessen werden? Endlose Gelehrsamkeit und Frömmigkeit wurden in solchen Fragen investiert.

Muß das Schema – das große jüdische Gebet – immer vor dem Zubettgehen gesprochen werden? Sicher schreibt die Thora das vor. Aber, wie Rabban Gamliel sagt, nicht in der Hochzeitsnacht. Eine vernünftige Entscheidung, denn der Mann würde kaum in der Lage sein, das Gebet so zu sprechen, wie es sich gehört. Er würde schwerlich bei der Sache sein. Darf man je lügen? Gewiß nicht, aber bei einer Gelegenheit ist es erlaubt. Wenn Sie zu einer Hochzeit gehen, sagen Sie dem Bräutigam immer, wie schön seine Braut ist. Aber, wurde dagegen eingewendet, wenn sie nun einen Bart hat? Sagen Sie es ihm trotzdem! Und wenn er sie nur um des Geldes willen heiratet? Das spielt keine Rolle, sagen Sie ihm trotzdem, wie reizend seine Braut ist. Jüdisches Gesetz und lasche Ethik sind nicht dasselbe.

Die Gefahr ist natürlich groß, daß dieser Weg zu religiöser Erkenntnis eine raffinierte Wortspielerei wird. Religiöse Fachsimpelei kann die Frömmigkeit des Herzens verdrängen. Das geschah von Zeit zu Zeit im Judentum, und Wogen volkstümlicher Mystik und Spiritualität brachen als Protestbewegung bei den einfachen Leuten auf, weil sie spirituell unterernährt und manchmal verhungert waren. Aber der Weg der Auseinandersetzungen und Dialektik hat viele eingebaute Sicherheitsventile und Verfeinerungen. Ihre intellektuelle Integrität ist der jüdischen Welt sehr zustatten gekommen und war ihre Stärke. Einige Minuten vor der deutschen Invasion in Litauen im Jahre 1940 hielt der Rabbiner der dortigen großen talmudischen Akademie folgende Ansprache. Die Würde der Schriftgelehrten und Pharisäer hatte sich auf ihren Schüler niedergelassen!

»Mit dem ganzen Gewicht der Autorität, die mir als eurem Rabbiner zusteht, befehle ich euch, mich hier zu lassen. Ihr müßt fliehen und euch retten! Gebt acht auf eure Körper und eure Seelen. Setzt euer Leben nicht unnötigen Gefahren aus wegen des Blitzschlages, der von außen kommt, und denkt nicht einen Augenblick, daß ihr euer Leben für innere spirituelle Angelegenheiten aufs Spiel setzen müßtet. Ich flehe euch an und beschwöre euch, euch immer an die Menschen unseres Volkes zu erinnern, die durch die Hände der Mörder umkamen. Meine lieben Studenten, vergeßt nie die Nehardea von Litauen, die Yeschiva von Slabodka. Und wenn die Welt wieder zu Ruhe und Stabilität zurückgekehrt ist, werdet niemals müde, den Ruhm, die Weisheit, die Thora und den Musar (d. h. das Gesetz und die Lehre Litauens) zu lehren, das schöne und sittlich hochstehende Leben, das die Juden hier führten! Laßt euch von Klagen und Tränen nicht verbittern. Sprecht mit Ruhe und Gelassenheit von diesen Dingen, wie es unsere heiligen Weisen taten. Und so, wie es unsere heiligen Weisen taten, laßt eure Worte hervorströmen, und schreibt sie auf. Das wird die größte Vergeltung sein, die ihr diesen Bösewichtern antun könnt. Trotz der rasenden Wut unserer Feinde werden dann die heiligen Seelen eurer Brüder und Schwestern lebendig bleiben. Diese Teufel wollen unsere Namen vom Angesicht der Erde auslöschen; aber Menschen können Worte nicht zerstören. Denn Worte haben Flügel; sie steigen zu himmlischen Höhen auf und dauern in Ewigkeit.«

Die Größe des Studiums lag in der damit verbundenen Läuterung. Sie machte Auseinandersetzung und Studium heilig. Ohne sie wird das Studium bloße Klugheit und fällt in dieselben Fallen wie das Geschäft der modernen Promotion. Diese Warnung findet sich auch in den frühesten Schriften des Talmuds. Das Studium der Thora, heißt es dort, darf man nicht wie einen Spaten gebrauchen, um damit zu graben, oder als Krone, um sich selbst damit zu krönen. Es muß um seiner selbst willen getan werden. Wieder und wieder, Traktat um Traktat, finden wir die Worte »um seiner selbst willen«. Das war die wirksame Verteidigung gegen den Gebrauch der Religion für Ehrgeiz und Eitelkeit – eine gefährliche Mischung.

Diese Lektion reicht weit über die Religion hinaus. Die moderne Welt ist genauso mit Auseinandersetzungen und Studium beschäftigt wie die rabbinische Welt, und es gibt einen Boom in Klugheit. Die erfinderische Affenseite unserer Natur erfährt jede Unterstützung, aber man achtet wenig auf Disziplin. Das Resultat ist, daß ungeheure Macht in die Hände Unreifer gerät und Technologie in den Dienst unreiner Instinkte. Bomben werden buchstäblich Kindern in die Hand gegeben.

Diese Läuterung verhinderte, daß Wissen eine Technik zur Manipulierung anderer wurde. Wissen in der Weise des Talmuds erfordert Selbsterkenntnis. Der Bereich des talmudischen Wissens schloß nicht nur die Erkenntnis der äußeren Welt, sondern auch die der inneren Welt ein. Aber es entging der Gefahr, eine vollständige Unterscheidung zwischen dem Beobachter und dem Beobachteten zu machen. Die Terminologie moderner analytischer Psychologie kannte man natürlich nicht, wohl aber die Tatsachen, die sie beschreiben. Es war wohlbekannt, daß, wenn die Arbeit nicht innerlich wie äußerlich voranging, alle Klugheit darauf hinauslaufen würde, innere Schwierigkeiten auf die äußere Welt zu projizieren. Augenblicklich kann man zum Preis eines Paperbacks eine Ideologie kaufen, die alle kindischen Aggressionen rechtfertigt. Diese Art von Wissen befreit nicht und macht die Menschen nicht frei, diese »Gescheitheit« schließt sie ein und sperrt sie noch mehr in das Gefängnis ihrer eigenen Engstirnigkeit.

Für pharisäisches Judentum waren Studium und Gebet so nahe verwandt, daß sie fast immer wie die zwei Seiten einer Münze erschienen. Es war eine Streitfrage, ob das größte jüdische Gebet studiert oder gebetet werden sollte. Der Ort des Gebetes konnte sowohl Synagoge wie Schule genannt werden. Das hieß, daß man nicht um materieller Vorteile willen studierte, sondern es geschah, wie das Gebet, in der Gegenwart Gottes und als Gottesdienst. Die Belohnung dafür bestand nicht in Würden, Titeln oder Geld, sondern in der Läuterung der Persönlichkeit und des Geistes. Ist es töricht, ohne Belohnung zu arbeiten? Vielen Leuten in der heutigen Gesellschaft erschiene es töricht. Den Rabbinern wäre die Alternative noch törichter erschienen.

Am Anfang des Morgengebetes wird traditionsgemäß folgende Stelle gesprochen, während die Augen des Beters noch schwer vom Schlaf sind. Das ist das Opfer des Studiums, das Gott dargebracht wird.

Rabbi Ischmael sagt: »Es gibt dreizehn exegetische Prinzipien, nach denen das Gesetz ausgelegt wird:

1. Man lernt das Schwerere vom Leichteren.
2. Man lernt aus einer Ähnlichkeit der Sätze.
3. Das allgemeine Gesetz kann durch Induktion von verschiedenen Fällen abgeleitet werden, die in gleichen oder in verschiedenen Versen vorkommen und doch einige gemeinsame Züge aufweisen.
4. Wenn einem allgemeinen Gesetz die Aufzählung von besonderen Bedingungen, die bereits in diesem enthalten sind, folgt, so ist in diesem Fall die Reichweite des Gesetzes auf die genannten besonderen Bedingungen eingeschränkt...«

Das Ziel des jüdischen Studiums war nicht eigentlich die Erkenntnis Gottes. Das war zu gewagt. Es wurde nicht erwartet, daß den Intellekt eine beseligende Vision überkommen würde oder daß es möglich sei, in religiöser Erfahrung systematisch fortzuschreiten. Theologie war nicht im Herzen der Religion angesiedelt, noch machten die Rabbiner den Fehler des 19. Jahrhunderts, Frömmigkeit mit Kultur gleichzusetzen. Das Ziel jüdischen Studiums war nicht Gotteserfahrung, sondern die Erkenntnis Seines Willens. Schließlich ist Gotteserfahrung ein Vergnügen; Seinen Willen zu erkennen aber ist Pflicht und Arbeit. »Gesetze, Gebote, Statuten und Vorschriften« sind das tägliche Brot jeder Gesellschaft, ob heilig oder nicht. Philosophie ist die Dekoration. Als Religion stand das Judentum temperamentmäßig der Haltung Martas näher als der Marias.

Das Hauptthema des jüdischen Studiums war die Welt, aber man hütete sich sehr davor, das Studium weltlich werden zu lassen. Es besteht ein Unterschied zwischen den alten rabbinischen Universitäten, den Yeschivot, und ihrer modernen säkularen Entsprechung. Um ein Beispiel zu nennen: Erstere waren so sorgfältig plaziert wie letztere, aber nicht an einem so schönen Platz. Die Umgebung sollte nicht zerstreuen. Man kann sie ebenso in einer langweiligen Landschaft finden wie in heruntergekommenen Vororten von Industriestädten. Das Studium wurde als ein Akt des Glaubens angesehen, durch den man sich selbst entäußerte. Es war ein Akt der Konzentration und ein Akt des Gebens. Viele Studentendemonstrationen heute sind im tiefsten konformistisch. Die Auseinandersetzung mit der Gesellschaft geht nicht um deren Materialismus, denn der wird geteilt. Die Auseinandersetzung dreht sich darum, wie der Raub verteilt werden soll und wie bald die Protestler das bourgeoise Erbe antreten können. Die Differenz bezieht sich auf die Verteilung der Beute, nicht auf ihre Existenz. Gelegentlich wird eine Ideologie oder wohltätige Stiftung als Feigenblatt benutzt, um diese nackte Tatsache zu verbergen, aber die fundamentale Gier, die die »Habenden« und die »Habenichtse« teilen, ist offensichtlich.

Dagegen gibt der Talmud ein anderes Bild vom Studentenleben, das töricht erschiene, wüßte man nicht, was auf dem Spiel steht:

»Das ist der Weg der Thora! Ein Stück Brot mit Salz wirst du essen, eine Ration Wasser wirst du trinken, auf dem Boden

wirst du liegen, ein Leben der Mühsal wirst du führen, und
du wirst an der Thora arbeiten. Wenn du das tust, ›glücklich
wirst du sein‹ – in dieser Welt. ›Und es wird dir wohlgehen‹ –
in der kommenden Welt.«

Das Ziel des Studiums war, Wirklichkeit und Religion zu
vereinen – nicht, die Religion auf Frömmigkeit zu beschrän-
ken, sondern den Willen Gottes in bezug auf das gelebte
Leben zu finden. Das Detail war unabsehbar, die Auseinandersetzungen mühsam, und die Stille der Religion scheint
weit entfernt. Der Talmud ist kein Buch, das man zur religiösen Erbauung auf den Nachttisch legt. Er ist kein Buch mit
schönen Gedanken. Er ist eine dauernde Auseinandersetzung
mit Zivil- und Strafrecht, viel mehr befaßt mit Besitzrechten,
Strafen und gerichtlichem Schadensersatz als mit Seelen und
ihrer Rettung.
Diese Verbindung von Religion und Wirklichkeit war so her-
vorragend, daß sie beinahe zweitausend Jahre in Kraft blieb,
von den Juden fast ohne Ausnahme befolgt und gehalten.
Als die Aufklärung kam, brauchten die Bewohner des Gettos
ihre alten religiösen Bücher nur mit den neuen weltlichen zu
vertauschen. Sie befaßten sich mit dem modernen Wissen mit
der gleichen Leidenschaft, mit der ihre Großeltern sich mit
dem Talmud und dem jüdischen Gesetz beschäftigt hatten.
Die Flamme jüdischen Intellekts in der modernen Zeit, die
gewaltige Erbschaft, die er der gesamten Welt im 19. und 20.
Jahrhundert hinterlassen hat, hätte die Schriftgelehrten und
Pharisäer überrascht. Sie wäre ihren Augen eng materialistisch
erschienen. Trotzdem war sie ihr letztes Geschenk an die
Welt, und alle, die aus den jüdischen Entdeckungen Nutzen
ziehen oder sich an jüdischer Kunst und an der großen modernen Literatur erfreuen, die die Juden hervorgebracht haben, schulden den Schriftgelehrten und Pharisäern Dank.

NEUNTES KAPITEL

Offenbarung in der Zeitung

> Gebt mir eure Müden, eure Armen,
> Eure zusammengedrängten Massen, die sich danach seh-
> nen, frei zu atmen,
> Den erbärmlichen Abfall eurer wimmelnden Ufer,
> Sendet diese, die Heimatlosen, die Sturmgeschüttelten,
> zu mir,
> Ich erhebe meine Lampe neben dem goldenen Tor.
> Emma Lazarus (Gedicht an die Freiheitsstatue)

> Von jedem nach seinen Fähigkeiten, für jeden nach
> seinen Bedürfnissen.
> Karl Marx

> Möge Sein Königreich zu euren Lebzeiten kommen und
> in euren Tagen, und zu Lebzeiten der ganzen Familie
> Israels – schnell und eilig möge es kommen.
> Kaddisch (Aramäisches Gebet in der Liturgie)

Juden sind leidenschaftliche Politiker. In der Welt der jüdischen Einwanderer, die in den Westen gezogen sind und
deren Reste man noch in Ost-London oder New York finden
kann, ist das religiöse Leben durchwoben mit marxistischen,
sozialistischen, anarchistischen Strängen und allen anderen
Programmen für die Verbesserung der Welt. Juden stürzten
sich in den spanischen Bürgerkrieg oder kehrten in ihrer Un-
schuld in die Sowjetunion zurück, wo man dann nie wieder
von ihnen hörte. Diese Kombination von religiösem und
politischem Utopismus kommt bei den Christen nur spora-
disch vor, bei den Juden ist sie angeboren. Daher geraten Juden immer in Schwierigkeiten, wenn sie versuchen, die Welt
vollkommen zu machen, und verbrennen sich dabei die Finger. Israel ist ein Beispiel. Es soll nicht nur ein gewöhnlicher
Staat sein, obgleich die Existenz eines solchen schwierig genug
wäre. Es muß der perfekte Staat sein, der Staat, der ein Beispiel ist und der andere Völker lehrt, wie sie ihren eigenen
aufziehen sollen. Das muß für alle, die in der Nachbarschaft

leben, außerordentlich irritierend sein, was nur wenige Juden realisieren. Israel ist auch noch wegen einer anderen Besonderheit interessant: die Leute lesen dort mehr Zeitungen als irgendwo sonst. Zeitungen werden nicht nur gelesen, sie werden studiert. Die Zeitschriften politischer Parteien werden wie religiöse Texte behandelt.

Das sind sie tatsächlich! Sie könnten neben den heiligen Schriften stehen, denn, wenn sie richtig gelesen werden, liefern sie eine Offenbarung des Allmächtigen. Juden sind nicht nur das Volk des Buches, sie sind auch das Volk vieler Bücher, Wochenschriften, Monatsschriften und auch Tageszeitungen. Nach der Überlieferung gibt es natürlich unnütze Bücher. Ich hatte einmal eine Diskussion darüber, und zwar nicht im Scherz, was man in dem privatesten Raum eines jüdischen Hauses – dem Klo – lesen dürfe. Das Gesetz kann sich schließlich mit allen Vorkommnissen befassen. Es war ganz klar, daß das Gesetz und die Codices nicht in Frage kamen; aber wie wäre es mit dem Studium »der Kriege der nichtjüdischen Könige«, fragte jemand, auch wenn das in der mittelalterlichen Literatur als »leicht« abqualifiziert wurde. Da das jüdische Leben sich häufig deren Launen und Grausamkeiten anpassen mußte, schien der Vorschlag sehr vernünftig zu sein. Man überlegte, und er wurde abgelehnt. Es nützte nichts – nichtjüdische Könige mußten wie das Wetter erduldet werden. Wie Weibergeschwätz waren solche Angelegenheiten außerhalb der Sphäre vernünftigen Interesses. Die anwesenden Rabbis empfahlen nach einiger Erörterung Maimonides und seinen »Führer der Unschlüssigen«. Juden brauchen keine Philosophen oder Theologen zu sein.

Was ist also heilig in Zeitungen, wenn es nicht die Kriege der nichtjüdischen Könige oder Weibergeschwätz sind? Viel bleibt da wirklich nicht übrig! Juden haben an solchen Sachen ein normales Interesse, aber ihre Aufmerksamkeit wird wirklich ganz in Anspruch genommen, wenn sie von ihren jüdischen Brüdern lesen und von deren Schicksal. Das ist nicht einfach Kirchturmpolitik, es ist auch die Folge einer tief eingewurzelten religiösen Haltung. Gott offenbart Sich in Seinem Handeln an Seinem Volk. Man findet, wenn man es richtig versteht, eine Offenbarung von Gottes Wesen in den Gemeinde-Zeitschriften, die von Juden so gierig gelesen werden.

Religion ist nicht nur Frömmigkeit, für die Propheten war sie es sicher nicht. Jeremia hatte sich auf Außenpolitik spezialisiert, und die meisten hatten etwas zur Politik, sowohl zur Innen- wie zur Außenpolitik ihres Volkes, zu sagen. Ihre Interessen waren hochpolitisch und umfaßten Landspekulation, Schiebergeschäfte, Außenpolitik, Schulden und Inflation. Diese prophetische Tradition wurde von den Pharisäern fortgesetzt. Es wäre dumm von ihnen gewesen, wenn sie über große Staatsangelegenheiten gesprochen hätten, denn im Unterschied zu den Propheten hatten sie keinen Staat. Die Juden hatten gerade ihren sozialen Abstieg begonnen, der sie zu den Parias des Mittelalters machte. Trotzdem verfolgten sie noch ihre alten Interessen. Was war Gottes Wille, so fragten sie, in den kleinen bürgerlichen Angelegenheiten? Diese waren wichtig, denn hier konnte das Gesetz noch angewandt werden. Rabbis interessierte es, was angewandt und was verändert werden konnte. Sie waren nicht nur die Hirten der Gemeinden und bestimmt keine Priester, aber sie waren die religiösen Bürgermeister, Gottes Richter und Seine Polizei. Sie kannten keinen Unterschied zwischen säkular und religiös, sie unterschieden zwischen dem, was praktisch und was nicht praktisch war.

Die Thora ist eine Art Entwurf einer heiligen und gerechten Gesellschaft, und das Judentum ist in all seinen Formen bemüht, sie zu errichten, ob im Mikrokosmos der Vorstadt und des Gettos oder im Makrokosmos des jüdischen Staates. Davon ist man nie und nirgends befreit. Sogar in Theresienstadt organisierten sich die Juden, so gut es ging, und Rabbiner wie Leo Baeck hielten Kurse über hellenistische Einflüsse auf das Judentum. Die Gesellschaft mußte unter allen Umständen in Gang gehalten werden mit den Segnungen der Kultur, die verfügbar waren. Die juristischen Antworten der polnischen Rabbiner vor der Zerstörung des Gettos zeigen, wie ernst diese Aufgabe genommen wurde. Beherrschende Themen waren Selbstmord und Fragen des Überlebens in Zeiten der Gefahr. Auch hier konnte und mußte man versuchen, Gottes

Wille durch vernünftige Mittel zu erfahren und anzuwenden, wie jüdisches Gesetz immer angewandt worden war, durch seine moralische Kraft und die Liebe und Loyalität, die es erzeugte.

Zweifellos existieren viele Wirklichkeiten. Pharisäisches Judentum hat das immer erklärt, aber nur »die Welt hat Er den Kindern der Menschen gegeben«. Was Gott in anderen Welten mit uns macht, ist Seine Sache – Seine Religion, wenn Sie wollen –, aber der Unterhalt dieser Welt, unserer Welt, ist unsere Sache, solange wir in ihr leben. »Ein Augenblick guter Taten und Reue in dieser Welt ist besser als alles Leben der kommenden Welt«, sagt der Talmud; trozdem fügt er verständlicherweise hinzu, daß »ein Augenblick der Seligkeit in der kommenden Welt mehr wert ist als alles, was diese Welt zu bieten hat«. Es kommt nur darauf an, wo man ist!

Juden befassen sich also aus einer religiösen Forderung heraus mit den Belangen der Gesellschaft. Auch wenn der religiöse Glaube gestorben ist, diese Forderung wirkt im Geist der Juden weiter und beeinflußt sie sogar in ihren weltlichen Interessen. Sie wissen es nicht, aber das Wort Gottes ist viel tiefer in sie eingedrungen, als sie dachten. Die Mehrzahl der Bewerber für das Friedenskorps in den Vereinigten Staaten waren Juden, obwohl sie nur einen sehr geringen Prozentsatz der Bevölkerung ausmachen. Wenn man sie nach ihrem Beweggrund fragte, verneinten die Bewerber mit überwiegender Mehrheit, daß Religion irgend etwas damit zu tun habe. Das auffallendste Merkmal des heutigen Judentums ist die Macht, die es noch besitzt, und daß sein Einfluß den Menschen gar nicht bewußt ist.

Das erklärt, warum Juden Zeitungen lesen, aber es erklärt nicht, warum es ihnen Freude macht. Viele Menschen kommen aus Furcht zur Religion; die meisten von uns tun das auf die eine oder andere Weise, denn Liebe erscheint gewöhnlich erst später auf der Bühne. Immer wenn die Aktien fallen, besteht eine Neigung zum kontemplativen Leben. Vor einigen Jahren hielt ich nach einem finanziellen Schock die Gottesdienste am Versöhnungstag. Die Intensität der Teilnahme und Frömmigkeit war erfreulich. Die Liturgie sprach davon, daß die Welt Staub sei und daß man sich auf keinen Menschen verlassen könne. Die Beter stimmten dem vollständig zu und nickten lebhaft. Ihre Zustimmung wurde noch stärker, als ich über die Schwachheit des Menschen, die Vergänglichkeit der irdischen Dinge und die Seligkeit der kommenden Welt sprach, wo nichts vergeht, nichts rostet und die Werbeprospekte vermutlich zuverlässig sind. Da es Juden waren, wußte ich, daß die Faszination des zukünftigen Lebens kurzlebig sein würde, denn die Gezeiten des Judentums tragen sein Volk zu den religiösen Forderungen des Hier und Jetzt. Rabbiner benutzen ihre Chance, die Transzendenz einzuhämmern, wenn sie können.

Für manche ist die Faszination des zukünftigen Lebens aber nicht so kurzlebig. Man sieht die Religion als eine Möglichkeit an, die Zeit zu transzendieren oder anzuhalten. »Haltet die Welt an, ich will aussteigen!« ist ein modernes Schlagwort, und Religion ist ein Mittel, auszusteigen. Ich meine das nicht zynisch, und ich will nicht sagen, daß diese Art Religion Flucht vor der Realität ist. Gott ist jenseits der Zeit, und Zeit kann sicher ein Hindernis und im Wege sein. Im Gebet kommen wir Realitäten nahe, die nicht der Zeit unterworfen sind, und mit diesem inneren Abstand können wir in der Welt handeln. Wir sind aus der Zeit heraus und in die Ewigkeit eingetreten.

Aber ein Jude kann das nicht, denn das würde auch bedeuten, aus der Offenbarung Gottes an uns herauszutreten. Es wäre Flucht aus der Dimension, in die Er uns gestellt hat, und hieße ihrer Realität ausweichen, der Empfindung und den Impulsen, die Er uns durch sie schickt. Die Schönheit der Musik und die Herrlichkeit der Offenbarung existieren nur in der Zeit – Zeit ist ihr Wesen. Sprichwörter der Völker sagen, daß die Zeit ein Heilmittel ist, aber für Juden ist sie noch mehr – sie ist heilig.

Ohne die Zeit würden die Juden nicht wissen, wie Gott ist. Das Universum um uns ist erschreckend in seiner Größe, seiner Verschwendung und seiner Gleichgültigkeit. Wie kommen wir zu einem wohlwollenden Schöpfer in dieser ungeheuren, mit Felsen und Feuer übersäten Leere. Bestenfalls scheint sie uns gegenüber gleichgültig zu sein, schlimmstenfalls feindlich. Wenn Christen Gottes Angesicht suchen, wenden sie sich von der sie umgebenden Leere zum Leiden Christi. Auch Juden brauchen manchmal etwas mehr als Natur, etwas Vertrauteres als »die Himmel, das Werk Meiner Hände«, um unversehrt und ohne Bitterkeit leben zu können. Sie suchen Gottes Angesicht in der Geschichte ihres Volkes. Sein Charakter sozusagen offenbart sich nicht nur am Berg Sinai, sondern auch in der Geschichte Seines Handelns mit den Juden. Und die Geschichte ist noch nicht zu Ende. Sie findet sich in den heiligen Schriften vergangener Zeiten und in den Berichten der Gegenwart. Die Thora ist ein Gesetzbuch in einem Geschichtsbuch. Das Gesetz beginnt in der Zeit und bewegt sich durch die Zeit. Zeit ist das Werkzeug, mit dem Gott es formt und verfeinert.

Juden und Christen haben die gleichen Zehn Gebote, aber sie zählen sie anders. In der jüdischen Einteilung heißt das erste Gebot nicht »Du sollst keine anderen Götter neben mir haben«, sondern »Ich bin der Herr, dein Gott, Der dich aus Ägypten führte, aus dem Sklavenhaus«. Nun ist das nicht gerade ein Gebot, aber wenn man das nicht annimmt, bleibt keines der anderen Gebote bestehen. Schließlich kann uns jeder befehlen, alles zu tun. Wie können wir die Natur und das Wohlwollen Desjenigen erkennen, der sie gab? Aus dem Exodus, sagten die Rabbiner. Ohne Ihn hätte das Volk kein Dasein. Er gab uns Freiheit, Würde und was immer wir an Größe besitzen. Durch Seine Taten in der Zeit kennen wir Ihn genau genug, um Ihm zu vertrauen, auch wenn es gegen unseren Instinkt und unsere Natur geht. Wenn ein Jude die Sabbatfeier beginnt, segnet er den Tag. Dies, sagt er, ist eine Erinnerung an die Schöpfung, d. h., es ist der Geburtstag der Welt und daher der Zeit. Es ist auch die Erinnerung an die Schöpfung unseres Volkes in der Geschichte. Und am Schluß des Sabbats werden Gebete und Gesänge für das Kommen des Reiches Gottes gesprochen. Das Bevorstehen Seines Kommens wird sogar angegeben – »zu euren Lebzeiten und in den Tagen des jüdischen Volkes«, »bald möge Er kommen mit dem Messias, dem Sohne Davids«.

Es wird erzählt, daß in der Reformationszeit kalvinistische Abgesandte zu Luther kamen und mit ihm über das Kommen des Königreiches Gottes sprachen, denn die Zeit sei da. Luther, der glaubte, daß die Zeit transzendiert sei, wurde wütend und warf sie hinaus, »Opiniones Judaici!« schreiend. Und darin, wenigstens, hatte er wirklich recht. Es war ein sehr jüdischer Gedanke und jüdischer Impuls. Das erklärt, warum Kalvinisten Juden im allgemeinen verstanden haben und sich ihnen verbunden fühlten. Das Wesen des Streites ist die Heiligkeit der Zeit.

Das ist es, was das Judentum lebendig hält – seine essentielle Hoffnung auf zukünftige Zeiten. Das Judentum ist wie ein alter verbrauchter Wagen, von zahllosen Zusammenstößen verbeult. Aber der Motor scheint sich niemals abzunutzen, er ist in der Tat sehr stark, denn er verwendet messianischen Brennstoff. Die Steuerung ist etwas unberechenbar, aber es fehlt der Reise nie an Schnelligkeit, Vitalität und Optimismus. Der offene Weg der Geschichte lockt uns vorwärts, und gleich hinter dem Horizont der erkennbaren Welt liegt das Ende unseres Kämpfens und Streitens.

Beim Zeitunglesen unterscheiden sich Juden und Christen. Grob gesagt, der Jude fragt sich, wenn er in seiner Zeitung von den Morden, den Demonstrationen, von Angst und Bosheit liest: »Ist das das Bild einer erlösten Welt?« Er hat die Bilder des Alten Testaments im Sinn, die Zeiten des Friedens und des Fortschritts. Er sieht die alten Männer unter ihren Weinstöcken sitzen, die Hochzeitszüge durch Jerusalem, die Sicherheit und Gerechtigkeit. Der Christ würde natürlich sagen, daß der Samen von Gottes Reich schon da ist, daß die Verwandlung schon begonnen und die Erlösung in den Herzen der Gläubigen stattgefunden hat. Aber Thora und jüdischer Tradition geht es nicht um eine innere Welt. Sie sprechen von einer Welt äußerer Fakten. Das Laboratorium ist die Menschheit und das Herz des Menschen, jedoch das Ziel der Gebote ist ein Resultat in der äußeren Welt.

Natürlich wissen die Juden und haben es aus bitterer Erfahrung gelernt, daß ohne innere Läuterung und ohne Verbesserung der Motive auch die äußeren Handlungen selbst verfälscht werden und jede auf sie gegründete Utopie innerlich krank wäre. Tatsächlich war keine der von Juden gegründeten Gesellschaften und Staaten von Dauer. Es war nicht nur die feindliche Umwelt, die sie zerstörte, sondern auch ein inneres Versagen, Vorurteile, Unredlichkeit und Mißverständnisse. Das wird weder von den Propheten noch von den Rabbinern geleugnet. Im Gegenteil, das ist der größte Ruhm des jüdischen Volkes. Sie waren bereit, ihre eigene Selbstkritik zu kanonisieren und anzuordnen, daß jeder Jude sich ihr wöchentlich aussetze. Es ist wirklich kein Vergnügen, die prophetischen Stellen bei einem Synagogengottesdienst anzuhören. Es gibt zu viele Parallelen zwischen der heutigen Lage der Juden und der damaligen, um sich behaglich zu fühlen.

Der moderne Versuch der Nationen, ihre Geschichte neu zu schreiben, um sich zu entschuldigen oder Beweise zu unterdrücken, ist kindisch und primitiv. Die Selbstkritik der Propheten und Pharisäer ist schneidend. Nach der Niederlage durch die Römer versuchten die Pharisäer nicht, den Schwarzen Peter weiterzugeben. »Wegen unserer Sünden«, sagt die Liturgie, »wurden wir aus unserer Heimat vertrieben.« Unsere Sünden, nicht ihre Sünden! Jerusalem wurde zerstört, weil die Menschen in der Stadt sich nicht anständig gegeneinander benahmen, sagt der Talmud.

Das Rohmaterial der Offenbarung findet sich in der Zeitung, aber um es richtig auszulegen, muß man frei von persönlicher oder kollektiver Eitelkeit sein. Politik steigt zu Kopf. Besonders der Nationalismus ist ein großer Verzerrer, denn ohne genügende Absicherung birgt er die Gefahr des Größenwahns in sich. Der Forscher glaubt zu manipulieren, während er in Wirklichkeit vom Strom des Ego manipuliert wird. Es bedarf einer gewissen Askese und Schlichtheit des Herzens, um wirklich verstehen und interpretieren zu können. Judentum und Marxismus teilen das Interesse für Zeitung und Geschichte. Für beide sind die größten Dinge noch nicht geschehen, und das Beste wird noch kommen. Für Christen und Moslems hat Gott sozusagen schon Seine Karten auf den Tisch gelegt.

Bei den Auseinandersetzungen über russisch-jüdische Ein-

wanderer und dem erbitterten Notenwechsel zwischen Israelis und Russen werden die Unterschiede zwischen Marxisten und Juden offenkundig, ihre Ähnlichkeiten nicht. Beide glauben an sich. Beide sind ein wesentlicher Teil der europäischen Kultur, und keiner will einen Teil der Verantwortung für die europäischen Tragödien der letzten Jahrzehnte übernehmen. Beide haben Erfahrung darin, wie man neue komplizierte, kollektive Gesellschaften auf die Beine stellt. Christen sind zu schuldbewußt, um politisch wirksam zu sein, und Moslems haben noch keinen Staat bilden können, der seine eigene Technologie bereitstellen und meistern kann. Für die Juden ist es wichtig zu erkennen, daß diese Lücke in der Technologie sich vor ihren Augen zu schließen beginnt. Es ist nur eine Frage der Zeit, wann die Moslems und Araber ihre eigene Technologie meistern werden, genauso wie die Juden selbst die Technik der »Aufklärung« in ein oder zwei Generationen gelernt haben. Solche Unzulänglichkeit fühlen weder die Juden noch die Marxisten. Die Kommunisten erwarten immer noch eine kommunistische Welt; denn der Traum des Kommunistischen Manifestes wurde nie aufgegeben, auch nicht sein Messianismus und Universalismus. Auch die Juden zweifeln nicht daran, daß sie es besser machen könnten als ihre Nachbarn im Mittleren Osten. Sie sind nicht gerade Kolonialisten, aber es liegt in ihrer Natur, sich überall einzumischen. Man nennt sie Imperialisten, was sie in ihren eigenen Augen nicht sind. Aber sie finden es schwer verständlich, daß andere Völker ihr scheinbares Chaos einer – ihnen zutiefst fremden – Ordnung vorziehen.
Zwei Religionen stammen aus dem Judentum – Christentum und Islam. Sein drittes und letztes Kind war keine Religion, sondern eine Ideologie: der Marxismus. Die meisten Marxisten würden das natürlich ablehnen. Sie würden sagen, daß die Ähnlichkeiten oberflächlich sind. Immerhin ist der Marxismus wissenschaftlich, das Judentum nicht. Gewiß sind Sprachstil und Terminologie verschieden, aber sie lassen sich leicht von einem in den andern übersetzen. Was ist der Unterschied zwischen dem Reich Gottes und der Republik des Guten?

Beide haben Gesellschaften geschaffen und regieren sie, obgleich Marxisten das häufig vergessen. Das Wichtigste, das sie verbindet, ist die Zeitung. Beide kennen eine Kraft, die sich in den Ereignissen auswirkt. Für die Juden kann diese Kraft persönlich sein, man kann ihr einen Willen zuschreiben und kann sie im Betrachten finden. Für Marxisten handelt es sich nicht um eine metaphysische, sondern um eine wissenschaftliche Tatsache – die Schwerfälligkeit liegt nicht in der Terminologie, die sie gebrauchen, sondern in der Erkenntnis und Wahrnehmung dieser Kraft. Beides sind Materialismen, aber bei beiden ist dieser Materialismus nicht offenkundig. Der philosophische Marxismus von Marx führt bestenfalls zu einem Idealismus in der Praxis, der Marxisten stolz macht, aber irgendwie beunruhigt, während das Judentum, wenn es zu Religionen wie dem Christentum gerechnet wird, sich in solch spiritueller Gesellschaft oft unbehaglich fühlt. Rabbiner, die viel mit Gemeinde-Organisation zu tun haben, fühlen sich verwirrt und schuldbewußt, weil ihnen das eine geistliche Bürde auferlegt, die ihnen eigentlich nicht zukommt.

Aber auch in der Außenwelt fühlen sie sich nicht ganz zu Hause, denn sie ist ein Platz, der einem viel Kopfzerbrechen machen kann. Gewiß hat Gott gesprochen, aber was hat Er gesagt? Was bedeuten die Zerstörung des europäischen Judentums und der Aufstieg Israels? Für Juden sind das nicht rein menschliche Angelegenheiten, die soziologisch erklärbar sind, was sich im nachhinein immer sehr treffend ausnimmt. Diese Ereignisse sind wie der Exodus und die Zerstörung des Tempels. Eine Kraft schleuderte die Juden auf eine neue Bahn. Es ist nicht leicht, mehr zu sagen.

Unter dem einfachen jüdischen Volk verbreiten sich schon Deutungen, ohne Hilfe von Intellektuellen oder Rabbis. Sie sind einfach, überzeugend und möglicherweise gefährlich. Für manche war die Zerstörung des europäischen Judentums die Strafe für die Assimilation, für das Nachgeben gegenüber den Verlockungen der nichtjüdischen Welt, für den Ausverkauf des jüdischen Erbes und Erstgeburtsrechtes. Andere meinen, daß Gott sechs Millionen Tote nahm und Israel der heilige Ausgleich ist. Juden sind in bezug auf Israel sehr empfindlich. An seiner Existenz hängt die in geschichtlichen Ereignissen sichtbar gemachte Gerechtigkeit Gottes. Manche sagen, es sei nun bewiesen, daß die Juden sich auf niemanden als sich selbst verlassen sollten, daß sie sozusagen im Alleingang handeln müßten. Sie weisen auf den jüdischen Beitrag zur deutschen Kultur hin. Ihr Beweis ist in einem kleinen Lexikon enthalten, dem Philo-Lexikon. Es war die letzte Arbeit, die das deutsche Judentum veröffentlichen durfte. Es konnte den Nazis nicht direkt erwidern, es konnte nur die jüdischen Wissenschaftler, Schriftsteller, Musiker und Künstler Deutschlands und der deutschsprachigen Welt aufführen. Wenn wir die Namen lesen, Mendelssohn und Mahler, Freud und Einstein, Ehrlich und Wassermann, Kafka und Zweig, erkennen wir, daß es ein Namenaufruf deutscher Kultur ist – ein letzter Zapfenstreich. Heute erscheint es seltsam, wenn wir lesen, daß Herzl, der Gründer des modernen Zionismus, Deutsch als Sprache des künftigen jüdischen Staates befürwortete, weil das Ziel die Verbreitung der deutschen Kultur im Osten sein sollte. Aber es gibt andere, die das Gegenteil behaupten, die sagen, es gäbe kein jüdisches Problem mehr, es sei nur ein Teil eines Weltproblems und ein menschliches Problem. Sie weisen auf die späteren Propheten und den Faden des Universalismus hin, der sich durch das Judentum hinzieht.

In Israel sind die Probleme der Auslegung lebenswichtig. Die Bibel ist nicht nur eine Fundgrube für Predigten, sondern ein politisches Lehrbuch, was sie tatsächlich immer war. Die Bibel ist jedoch eine Auseinandersetzung, die niemals aufhört. Viele Fäden laufen hindurch, aber welcher ist lebenswichtig, welcher kann die moderne jüdische Geschichte erhellen und die Natur Gottes? Müssen die in der Bibel genannten Grenzen ernst genommen werden – soll sich das Reich vom Nil zum Euphrat erstrecken? Sollen wir statt dessen auf den Propheten Jeremia und andere hören, die politischen Nationalismus für Gerechtigkeit, Sicherheit und Frieden opfern wollten? Das sind lebenswichtige Fragen.

Dahinter liegt ein noch größeres Problem. Ist der Staat messianisch? Juden in Jerusalem richteten eine Anfrage an das Rabbinat, ob sie am großen Fasttag essen dürften, dem Tag im jüdischen liturgischen Jahr, an welchem vergangener Zerstörungen gedacht wird und der verschwinden soll, wenn der Tag des Messias da ist. Es ist bezeichnend, daß die Juden trotz der überschwenglichen Sprache noch fasten, denn die Erlösung ist noch nicht da. Das Ende ist noch nicht in Sicht. Wenn es um das jüdische Gesetz geht, hören die Schlagwörter plötzlich auf. Alle diese Fragen laufen durch das Judentum hindurch. Es wurde etwas gesagt, aber wer kann es uns deuten? Teilantworten finden sich überall. Also lesen die Juden begierig Zeitungen. Warum ließ Gott zu, daß so viele getötet wurden? Was soll Israel tun? Hat Gott Sein Volk verlassen? Die Fragen nehmen kein Ende, sie sind verschieden, je nachdem ein Jude in Israel geboren wurde oder außerhalb, oder aus welcher der siebzig Nationen er gekommen ist. Die jüdische Welt ist eine kleine Welt. Jede Familie hat jemanden während der Verfolgungen verloren oder hat einen Verwandten in der Nähe der israelischen Grenzen. Sie suchen leidenschaftlich nach Antworten. Aber wo sind sie? Hoffnungsvoll kaufen sie noch eine Zeitung!

ZEHNTES KAPITEL

Unterwegs zum unbekannten Land

Auf dem dunklen Pfad, auf dem ein Mensch hier auf
der Erde gehen muß, gibt es gerade soviel Licht, wie er
braucht, um den nächsten Schritt zu tun. Mehr würde
ihn nur blenden, und jedes Seitenlicht verwirrt ihn.

Moses Mendelssohn

Wie die vor Augen gehaltene Hand die höchsten Berge
verdeckt, so verdeckt dieses kleine irdische Leben unserem Blick den ungeheuren Glanz und die Geheimnisse,
von denen die Welt voll ist; und wer immer das Leben
von seinen Augen fortnehmen kann, wie man seine
Hand wegnimmt, wird den großen Glanz in der Welt
sehen.

Chassidisch

Die Wahrheiten Gottes sind ewig, das Judentum vermutlich
nicht. Juden sind gering an Zahl, sie sind ein kleines Volk.
Judentum ist auch auf die Zeit beschränkt, denn es ist nur
ein Werkzeug, das Instrument einer Macht, die weit hinausgeht über die Menschheit, über die Welt, den Kosmos, und
was immer an Wirklichkeiten jenseits davon existiert. Es
spricht vom Willen Gottes, aber von dem Willen Gottes für
ein kleines Volk. Ganze Gebiete des Willens Gottes liegen
an seiner Peripherie, und es gibt Quellen religiöser Kraft und
Einsicht, die in ihm keinen Platz gefunden haben. Es ist festgelegt auf die Worte der Thora, um eine Gesellschaft zu formen, die ein Segen für die zu ihr Gehörenden wie auch für
die außerhalb Stehenden sein wird. Es lernt von seinen eigenen Kindern, von der Spiritualität der Christen, der Frömmigkeit der Moslems und der Direktheit der Marxisten. Seine Ansprüche haben Grenzen, aber innerhalb dieser Grenzen wird viel verlangt.

Manchen Menschen ist die Art Gerechtigkeit, die das Judentum sucht, nicht genug. Es wird mehr verlangt – eine tiefere
und persönlichere Verwandtschaft mit Gott wie im Christentum oder eine tiefere Wahrnehmung der Wirklichkeit wie in
den Religionen des Ostens. Die Schriftgelehrten und Phari-

säer waren Männer des Gesetzes, die eine kleine Welt verwalteten und ihre Grenzen respektierten. Einer von ihnen sagte auf seinem Totenbett zu seinen Schülern: »Fürchtet Gott so, wie ihr die Menschen fürchtet!« »So wenig!« riefen seine Schüler aus. »So viel!« antwortete er.

So wenig wird versprochen und erwartet, weil das, was versprochen wurde, auch gehalten werden muß. Pharisäer und Rabbiner versuchten ehrlich mit dem Allmächtigen zu sein. Wenn das gewöhnliche bürgerliche Recht es nicht zuläßt, daß Geschäftsleute ihre Verträge und Abmachungen aufheben, wieviel weniger dürfen Verpflichtungen gegen Gott aufgehoben werden. Ersteres würde zu einem Chaos in der Geschäftswelt führen, aber letzteres zu einem kosmischen Chaos und dem gefährlichsten aller moralischen Zusammenbrüche. Die Ehrlichkeit in der verachteten Welt der Geschäfte, die Pünktlichkeit, die sie fordert, und die Verantwortlichkeit, die sie übernimmt, können die Religion viel lehren. Rabbiner haben nie gezögert, von dieser Welt zu lernen. Wie alle, die glücklich genug sind, weder zuviel noch zuwenig zu haben, mußten sie ihren Lebensunterhalt im Kosmos verdienen. Weder Gott noch Sein Universum schuldeten ihnen einen Unterhalt.

Solche Ansichten sind natürlich höchst unmodern in einer Zeit, da der Kapitalismus das Vertrauen in sich selbst verliert und sich durch Gier und Feigheit zerstört. Und doch war die bürgerliche Welt für das Judentum sehr anziehend, denn sie zielte auf das Mögliche und hatte größeres Interesse am Aufbauen als am Zerstören.

Jahrhundertelang hat sich die Religion der Pharisäer, durch die Situation bedingt, nach innen an die jüdische Welt gewandt. Sie konnte die Außenwelt nicht ignorieren, weil es die von Gott für sie gewählte Umgebung ist. Wenn ihre Interessen materialistisch sind, dann darum, weil die Materie nicht irgendein Abfallprodukt, sondern Gottes Schöpfung ist, die ihre eigene Würde besitzt.

Aber trotz alledem haben die Juden immer gewußt, daß jenseits der kleinen Welt des Judentums eine größere Welt existiert, von der sie ein Mikrokosmos ist, und daß es jenseits der Menschenwelt eine andere gibt, deren Größe und Seligkeit alles in Schatten stellt, was wir kennen. Die Rabbiner schränkten das Studium dieser anderen Wirklichkeiten ein, denn solange wir nicht darauf vorbereitet waren und damit umzugehen wußten, nützte es uns nichts. Schließlich kann Mystik sehr leicht Mystizismus werden und die in Jahrhunderten mühsam gewonnenen Unterscheidungen zwischen Gut und Böse aufweichen. Die moderne Beschäftigung mit Magie und Astrologie und die durch Drogen hervorgerufenen Erfahrungen zeigen den Grund für solche Vorsicht. Aber die anderen Welten sind da. Das zu wissen ist grundlegend für alles jüdische Verständnis, wie es grundlegend ist für alle jüdische Praxis, sich nicht davon überwältigen zu lassen.

Es ist in der Tat die Aufgabe des Judentums, Knoten zu knüpfen, um die eine Wirklichkeit mit den anderen, jenseitigen, zu verbinden, um die Küchentöpfe und Pfannen zu Toren des ewigen Lebens zu machen. Wenn das jüdische Leben seltsam erscheint, angefüllt mit bizarren Details und Praktiken, so kommt das daher, daß so viele Knoten geknüpft wurden, daß das Ergebnis vielleicht ein religiöser Erfolg, bestimmt aber kein ästhetischer ist. Aber immerhin, das Fleisch im Schlachterladen und die Kleider, die wir tragen, offenbaren Gott ebensogut wie Moral und Poesie. Er ist in ungeschickten, schwerfälligen und häßlichen Dingen genauso gegenwärtig, wie Er es in den offensichtlich schöneren Dingen und hochfliegenden Gedanken ist. Der Wille Gottes gilt für Scheidung wie für Hochzeit, und wir preisen Ihn in schlechten und in guten Zeiten – denn was nützt eine Religion nur für gute Zeiten! Für das Judentum ist Er nicht der Gott der Butterblumen und Gänseblümchen und der poetischen Sonnenuntergänge. Sein Wesen findet sich in den Gesetzen über das Martyrium und in Vorschriften für die Fälle, bei denen Zorn zulässig ist.

Die Tore der kommenden Welt sind überall, man muß sie nur sehen können. Als ich segeln lernte, versuchten Freunde, mir Bojen und Leuchtfeuer auf See zu zeigen. Ich blickte um mich und sah nichts, während sie überall Leuchtfeuer sahen. Da ich nicht wußte, wonach ich Ausschau halten sollte, hatte ich keine Vorstellung davon, keine Ahnung, was ich sehen sollte. Darum konnte ich nicht sehen, was alle um mich herum sahen. Dann sah ich das erste, und plötzlich öffnete sich die See. Bojen, Leuchtfeuer, Blinklichter erschienen überall. Die leere See war so belebt wie Piccadilly Circus. So ist es mit dem jüdischen Leben; jede Seltsamkeit, jede Abweichung vom Normalen zeigt die Spannung, die Auswirkung in dieser Welt, wenn eine andere, viel größere, sich ihr nähert und sie stört. Es ist wie die Störung bei zwei sich nähernden Himmelskörpern – Zeichen auf dem kleineren enthüllen die Kraft, die der größere beim Näherkommen ausübt. Diese Regeln des jüdischen Gesetzes, die so seltsam erscheinen, wenn wir nur an diese Welt denken, werden verständlich, wenn sie in Beziehung zu der Existenz einer anderen Welt und einer anderen Wirklichkeit gesehen werden.

Diese andere Wirklichkeit umgibt und umschließt die Welt, in der das Judentum am Werk ist. Um unsere Arbeit zu tun, müssen wir wissen, daß sie da ist, aber wir sind nicht verpflichtet, sie zu erforschen. In vergangenen Zeiten war das Gesetz das tägliche Brot des jüdischen Lebens, normal, gesund, verständlich und praktisch. Die Erfahrung dieser anderen Welt und die Mystik, Kontemplation und Spekulation, die dazu führten, waren Luxus, Kirschen auf dem religiösen Kuchen. Heute ist die Lage umgekehrt. Für viele Juden wurden die Myriaden Details des Gesetzes immer sonderbarer, paßten immer weniger ins tägliche Leben einer offenen Gesellschaft, waren verwirrend und unwirksam. Gleichzeitig ist der Drang, ein geistiges Gegengewicht zum Druck des städtischen Lebens zu finden, unter den Juden stärker geworden. Die merkwürdige Mischung weltlicher Altklugheit und religiöser Unwissenheit trägt zu der Verwirrung bei. Hieraus erwächst aus dem Herzen des Volkes eine Forderung. »Zeigt uns die Realitäten dieser anderen Welt! Was bedeutet sie für unser Leben? Zeigt uns die Wirklichkeit des Unsichtbaren!«

Das ist heute die dringendste Aufgabe für uns. Das Gesetz führt nicht mehr zur Mystik, aber es ist möglich, daß die Mystik wieder zum Gesetz zurückführt. Mystik ist ein seltsames Wort, das vieles bedeutet. Im Judentum bedeutete es keineswegs ein Verhältnis der Liebe zum Allmächtigen. Es gibt einen solchen Zustand, aber er ist für eine Diskussion gewöhnlich zu intim. Wie das Liebesleben und die intimeren Gewohnheiten war er ganz persönlich. Mystik in ihrer jüdischen Form, die Kabbala, war ein Versuch, die Wirklichkeiten zu begreifen, die vor und nach unserer Welt kommen und sie umfassen. Das Muster jüdischer Gebete zeigte, daß wir kaum die Dinge an sich kennen, wir kennen sie nur durch die Dialektik in unserer Erfahrung. Das Ziel jüdischer Mystik war es, diese Wirklichkeit zu lokalisieren, in der alle Gegensätze zur Einheit gelangen.

In diesem Land haben alle Dinge ihren Ursprung, das Licht und das Dunkel, das Gute und das Böse. Es gab Kabbalisten, die Landkarten von Gott und den Menschen anlegten, um die Quelle dieser Dunkelheit zu finden. Alle Theorien waren möglich, und die Spekulation der Juden ging sehr weit. Für den Baal Schem Tov existiert Gott in allen Dingen, sogar in der Dunkelheit, wenngleich unsere Augen Ihn nicht sehen können. Für ihn kann das Böse kaum existieren, es ist ein Sehfehler, es ist unsere eigene Begrenztheit. Aber kurz nach ihm, im frühen 19. Jahrhundert, lebte ein anderer Rabbi, Nachman von Bratslav, der die kabbalistische Tradition wieder aufnahm und sich von der Neigung zum Pantheismus einem anderen Extrem zuwandte.

Als Gott das Universum schuf, so lehrte er, zog Er Sich aus einem Teil Seines eigenen Wesens zurück. Die Schöpfung war daher ein katastrophaler Akt der Liebe und der Freude. Daher ist Gott fern. Funken Seines Wesens sind über die ganze Schöpfung verstreut, und es ist unsere Aufgabe, sie zu ihrer heiligen Quelle zurückzuführen.

Solche Spekulationen waren im Judentum einem inneren Kreis vorbehalten, einer esoterischen Elite. Kaum ein Jude unter zehntausend hat den Zohar gelesen oder könnte ihn lesen, das Werk, das die kabbalistischen Lehren auslegt. Die große Masse der Juden ist nicht auf diesem Weg zum Himmel gegangen. Sie haben seine Wahrheit nicht geleugnet, aber sie haben absichtlich ihre Augen den kleinen Unterscheidungen zwischen dem Erlaubten und Unerlaubten und den kleinen Zäunen, die beide voneinander trennen, zugewandt. Sie taten es, damit die Welt nicht auseinanderfällt. Schließlich ist unsere Welt eine Zwischenwelt, die viele Ebenen der Wirklichkeit verbindet und daher nicht stabil ist. Sie muß mit Vorsicht behandelt werden, damit sie nicht auseinanderbricht oder in die Luft gesprengt wird. Es gibt eine rabbinische Tradition, nach der Gott viele Welten schuf, aber alle gingen zugrunde. Die Pharisäer und ihre Schüler versuchten diese Welt vor dem gleichen Schicksal zu bewahren.

Das heißt nicht, daß sie von dieser Welt entzückt waren, das waren sie durchaus nicht. Es wird erzählt, daß sie über die Existenz der Hölle debattierten. Sie entschieden, daß sie vermutlich nicht existiere, wenn aber doch, dann war sie hier! Diese Welt war nicht ein wirklicher Ruheplatz, sie war nur ein Korridor, ein Wartezimmer vor einer anderen Welt. Aber der Korridor hatte seine eigenen Regeln, die es zu respektieren galt. Innerhalb dieser Regeln durften wir es uns so angenehm wie möglich machen. Die Pharisäer liebten die Römer nicht, die das Allerheiligste zerstört hatten. Sie verabscheuten ihre Politik und ihre Psychologie und hielten ihr eigenes Gesetz für weit überlegen. Aber sie lobten uneingeschränkt ihre Aquädukte und Straßen. Der böse Trieb, sagten sie, hat seinen Stellenwert, denn er spornt die Menschen an, zu heiraten, Häuser zu bauen, sich Konkurrenz zu machen, und mit ihm bauten sie Städte und die Strukturen zivilisierten Lebens auf.

Der Korridor führt selbstverständlich zur Tür, die der Tod ist. Was jenseits davon ist, wird dogmatisch nicht beschrieben. Wie ein pharisäischer Meister sehr vernünftig sagte – es ist noch niemand von dort zurückgekommen. Aber am Eingang der jüdischen Friedhöfe steht in hebräischen Buchstaben »das Haus des Lebens«. Obgleich es keine offizielle Doktrin des Fegfeuers gibt, bricht der Tod gewiß nicht die Kausalgesetze von Belohnung und Strafe. Es ist typisch für die Pharisäer, daß sie sich den Kosmos als einen Laden vorstellten, einen Selbstbedienungsladen natürlich. Das Leben war eine Art Einkaufsexpedition mit einer Party am Ende. Alles wird auf Kredit gegeben, und es wird ein Netz um alle Lebenden ausgeworfen. Der Laden ist offen, der Ladeninhaber gibt Kredit, das Konto ist eröffnet, und die Hand schreibt, und wer immer zu borgen wünscht, kann kommen und borgen; aber die Geldeintreiber sind jeden Tag unterwegs und erzwingen vom Menschen mit oder gegen seinen Willen die Zahlung, ihre Forderungen sind gerechtfertigt, und das Urteil ist ein gerechtes Urteil. Doch alles ist für das Fest vorbereitet.

Es gibt auch keine Sterberiten im Judentum. Gewisse Gebete sollten gesprochen werden, und alle sind verpflichtet, ihre Angelegenheiten in Ordnung zurückzulassen. Aber es ist kein Paß nötig, um aus der menschlichen Welt in Gottes Bereich einzugehen. Die Ehrfurcht vor Gott ist groß bei den Juden, aber Furcht ist selten. Nur die Heiden, die Gottes Wesen nicht kennen, die niemals Seine Erlösung in ihrer Geschichte erfahren haben, fürchten sich vor ihren eigenen Dämonen. Das Zeichen des Gläubigen ist Vertrauen. Furcht vor Tod, Erbsünde und Hölle quälen den Juden nicht. Darum ist die christliche Botschaft, die Befreiung von diesen dreien bringt, für die jüdische Situation nicht so wichtig. Juden, die sich von der christlichen Botschaft angezogen fühlen, haben dafür andere Gründe.

Prometheus stahl den Göttern das Feuer. Im Talmud gibt es eine andere Geschichte. Gott gab den Menschen die Fähigkeit, ihr eigenes Licht zu machen und ihr eigenes Heilmittel gegen ihre Ängste zu finden. »Als Adam zum ersten Mal die Sonne untergehen sah und immer tiefere Dunkelheit die Schöpfung einhüllte, wurde er mit Schrecken erfüllt. Da hatte Gott Mitleid mit ihm und schenkte ihm die göttliche Eingebung, zwei Steine zu nehmen – der eine hieß Dunkelheit und der andere Schatten des Todes – und sie gegeneinander zu reiben und so das Feuer zu entdecken. Darauf rief Adam in dankbarer Freude: »Gepriesen sei der Schöpfer des Lichts!«

So versuchen die Juden ihren Weg zum Himmel zu verdienen, indem sie die Welt zusammenflicken und in Gang halten. Sie haben ausdrücklich religiöse Prosa gewählt, nicht weil sie keine religiöse Poesie schreiben könnten, sondern weil das ihr Dienst und ihr Opfer war. Es heißt, daß »der Löwe beim Lamm liegen wird«. Da die Juden nicht Wunder erwarten oder um eine Veränderung der Instinkte von Löwen und Lämmern beten, ist das eine Sache, die Nachdenken und Organisation erfordert. Jemand wird einen Zaun zwischen ihnen ziehen müssen, sagt einer der traditionellen Kommentatoren, und dieser Jemand wird vermutlich ein Pharisäer oder Schriftgelehrter sein.

Zusammengefaßt wurde das alles vor langer Zeit von einem Zeitgenossen Jesu. Rabbi Tarphon sagt – »Der Tag ist kurz, die Arbeit groß, und die Arbeiter sind träge und die Löhne hoch, und der Herr des Hauses drängt. Es ist nicht eure Pflicht, die Arbeit zu beenden, aber ihr dürft sie nicht vernachlässigen. Getreu ist euer Arbeitgeber, euch den Lohn für eure Mühe zu zahlen. Aber wisset, daß der Lohn der Gerechten in der kommenden Welt bereitliegt.«

Worterklärungen

Altes Testament: christliche Bezeichnung für das jüdische »Tenach« (siehe unten).

Chassidismus: eine volkstümliche mystische Bewegung, in Osteuropa im 18. Jahrhundert entstanden. Besonderer Nachdruck wurde auf Gebet und innere Freude gelegt.

Ein Sof: wörtlich: der Endlose, Ewige. Ausdruck für das unbenennbare Wesen Gottes.

El Schaddai: biblischer Name für Gott. Bezeichnet Ihn als »Mysterium Tremendum«, den Gott der Schöpfung und den Gott, der Ehrfurcht, Scheu einflößt.

Gaon: wörtlich: »Vortrefflichkeit«, ursprünglich den Vorstehern der Akademien von Babylon verliehen. Später Titel für Männer von besonderer Gelehrsamkeit.

Jiddisch: mittelalterlicher deutscher Dialekt, von jüdischen Flüchtlingen zur Zeit der Kreuzzüge nach Osteuropa gebracht. Bis zum letzten Krieg die Sprache der Juden, die dort lebten oder von dort kamen. Wird mit hebräischen Buchstaben geschrieben.

Kabbala: wörtlich: »Tradition«, bezeichnet vor allem die mystischen, theosophischen und esoterischen Überlieferungen des Judentums.

Karo: Rabbi Joseph Karo (1488–1575). Spanischer Gelehrter und Mystiker. Verfaßte den traditionellen Codex des jüdischen Gesetzes.

Koscher: rituell rein und erlaubt. Wird heute hauptsächlich auf Speisen angewandt.

Ladino: mittelalterlicher spanischer Dialekt der jüdischen Flüchtlinge aus Spanien. Bis zu den Nazi-Deportationen im östlichen Mittelmeerraum verbreitet.

Lao Tse: chinesischer Mystiker und Philosoph. Begründer des Taoismus (ca. 8. Jahrhundert v. Chr.).

Maimonides: Rabbi Moses ben Maimon (1135–1204), Arzt, Philosoph und Jurist. Er wurde in Spanien geboren, lebte in Kairo; verband Aristoteles und das traditionelle Judentum.

Mischna: Teil des Talmuds. Das endgültige mündliche Gesetz von Rabbi Juda dem Fürsten festgelegt.

Musar: wörtlich »Disziplin«. Ethische, juristische und soziale Schule religiösen Denkens in Litauen im 19. Jahrhundert.

Rabbi: nachbiblischer jüdischer Titel; bedeutet »Meister«; wurde auf Jesus angewandt; bezeichnet Kenntnis des Gesetzes.

Schul: jiddisch für »Schule«. Volkstümliche Bezeichnung für Synagoge.

Talmud: wörtlich »Studium«. Die Kodifizierung des mündlichen Gesetzes sowie der Lehren und Diskussionen in Palästina (palästinensischer Talmud) und Babylon (babylonischer Talmud) über eine Periode von ungefähr 500 bis 700 Jahren.

Tenach: ein Wort, zusammengesetzt aus den Anfangsbuchstaben von Thora (Pentateuch), Nevi'im (Propheten) und Khetuvim (Weisheitsbücher). Entspricht dem christlichen »Alten Testament«.

Tefillin: Gebetsriemen. Wird morgens benutzt, um das Gebot im Deuteronomium zu erfüllen, »Du sollst sie als Zeichen an die Hand binden, und sie sollen als Mahnung vor deinen Augen sein!«

Thora: die fünf Bücher Mose, die ersten fünf Bücher der Bibel. Meistens mit »Gesetz« übersetzt, aber »Lehre« ist richtiger. Ist zum Inbegriff der religiösen jüdischen Lehre geworden.

Yeschiva: Rabbinische Hochschule für das Studium des Gesetzes.

Zohar: wörtlich: »Klarheit, Glanz, Helligkeit«. Hauptwerk der spanisch-jüdischen Mystik, in Form eines Kommentars zur Thora, zum Hohenlied, zu Ester und zu den Klageliedern. Ende des 13. Jahrhunderts.

Nachwort

Als Christ möchte ich zu diesem Buch lieber kein Vor-, sondern ein Nachwort schreiben, um die anzusprechen, die es (vielleicht zweimal wie ich) gelesen haben, und so zu einem Gespräch über Differierendes und, was wichtiger ist, über Gemeinsames auf unserem jüdischen und christlichen Weg zu Gott beizutragen.

Was mich bei der ersten Lektüre faszinierte: Man begegnet einem Verfasser, dessen Horizont die üblichen politischen oder konfessionellen Beschränktheiten seiner Zeitgenossen durchaus überschreitet – einem irenischen Geist, der Gerechtigkeit darin erkennt, daß man auch dem Dasein und Denken anderer Völker, Gruppen und Einzelner gerecht zu werden versucht, um, womöglich mit ihnen zusammen, da, wo man lebt, eine »heilige und gerechte Gesellschaft« aufzubauen; man trifft ferner auf einen Schriftsteller von Rang, angelsächsisch in seiner Neigung zu Trockenheit und Understatement, sofern sein Thema ihn gelegentlich nötigt, den eigentlichen Nerv seiner Lebenspraxis, seiner Hoffnungen und Enttäuschungen bloßzulegen, jüdisch mit seiner Fähigkeit zu Selbstironie und Humor, wenn er etwa ein jüdisches Vorstadtgetto in seiner Beziehung zum Herrn der Heerscharen beschreibt... Ein Mann dieses Schlages nun bekennt sich zu einem Lebensweg, der durch ein Koordinatensystem von 613 verbindlichen, den gesamten Alltag und Feiertag begleitenden, begrenzenden und prägenden Wegweisern bestimmt wird. Dieses für Außenstehende ungewöhnliche Maß von Einschränkung menschlicher Bewegungsfreiheit durch »Gesetz« wird von ihm selbst aber nicht als solches empfunden, er hat es in seine Zustimmung und Einsicht aufgenommen, da es ihm den Horizont auf den Grenzenlosen offenhält und da er in ihm den Kompaß für seine Mitarbeit am Kosmos findet.

Der jüdische Weg zu Gott beruft sich auf die Thora. Obwohl der Lebenskontext der vielen kultischen und moralischen Einzelvorschriften, die sie enthält, nicht mehr der heutige und ihre praktische Bedeutung für heutige Daseinsbewältigung vielfach kaum einsichtig ist, weiß der gläubige Jude sich nicht ermächtigt, sie aufzuheben; sie sind für ihn einfach der geoffenbarte Wille Gottes. Sind sie »anders«, so sind sie eben Verweis auf das Andere Gottes; sind sie sonderbar, so hat das seinen Grund in der Besonderheit seines Volkes, seiner Aussonderung aus den Völkern.

»Höre, Israel! ...« Mit dieser Gehorsam fordernden Anrede durch Jahwe beginnt und beschließt der gläubige Jude im Gebet des sogenannten »Schema« seinen Tag; im Tun und immer neuen Hören des Gesetzes realisiert er Israels und damit seine eigene Verbundenheit mit dem Allmächtigen, um daraus »moralische Kraft, Loyalität und Liebe« zu schöpfen.

Was bedeutet solche Konfrontierung mit Leben nach dem Gesetz für den Christen? Zunächst wird er sich sagen müssen: Wie hier Synagogengemeinde und jüdisches Heim geschildert werden – zum Eifersüchtigwerden! Der Spieß von Röm 10,19 kehrt sich um! – so hat Jesus gelebt; in solcher Umwelt als der ihm von Gott gegebenen war er mit Herz und Gemüt verwurzelt. Und wenn Blue davon spricht, daß jedes Detail der Thora für den noch gläubigen Juden so etwas wie ein Knoten im Taschentuch ist, Erinnerung an den über alles und mit allen Kräften zu liebenden Schöpfer – alle zusammen sind sie ein Lebenskunstwerk, gottoffene und damit zugleich humane Existenz eines Volkes ermöglichend –, so dürfen wir sicher sein, daß Jesus diese Knoten genauso verstanden und entsprechend liebevoll geknüpft hat, daß er aber auch an dem ständigen jüdischen Disput um die Auslegung der Thora auf das mit ihren Buchstaben je Gemeinte und demgemäß zu Tuende hin leidenschaftlich teilgenommen hat – das erste übrigens, was wir bei Lukas über ihn selbst, den damals zwölf Jahre alten erfahren (Lk 2,46). Ein Israelit trägt seinen Namen bekanntlich vom »Ringen mit Gott« (Gen 32,29). So wird Jesus nicht erst im Garten Getsemani darum gerungen haben, den Willen Gottes und keinen anderen zu tun; war dieses Tun doch nach Joh 4,34 seine Nahrung.

Auch nach dem Tod und der Auferstehung Jesu lebten die Altapostel und der Jüngerkreis um sie wie eh und je nach dem Gesetz. Nicht theologische Überlegungen, sondern Gottes Geschichte mit ihnen, wozu schließlich der leidvolle Ausschluß aus der Synagoge gehörte, brachte sie dahin, diese Lebensform zu verlassen. Sicher war das für sie eine Art Abraham-Aufbruch. Wie vielen Verwurzelungen des Herzens und Gemütes in einem Lebensganzen, das die Heimat ihrer Kindheit und der Mutterboden ihrer Erwartungen und Hoffnungen gewesen war, mußten sie entsagen!

Den Durchbruch in inneres und äußeres Neuland vollzog als erster der in hellenistischer Umwelt aufgewachsene jüdische Diakon Stephanus. Von der Auferstehung Jesu her den grenzenlosen Heilswillen Gottes erahnend, wendet er sich unter Berufung auf Jes 66,1 ff. gegen das Verständnis vom Tempel als verbindlich abgegrenztem Heilsraum, begreift Christentum – noch trug es den Namen nicht – als Geheimnis der Entgrenzung, als das prophetisch vorausverkündete Aufspringen der Samenkapsel Israel, dessen ganze Geschichte er aufrollt (Apg 6,8–8,1). Lukas will mit diesem Text wie mit seinem ganzen Geschichtswerk verdeutlichen: die Saat der Offenbarung, über Mose und die Propheten dem Bundesvolk anvertraut, empfängt durch die Erhöhung Jesu zum Herrn und Messias ihre letztverbindliche Auslegung und durch den Erhöhten auch ihre Herzen verwandelnde und erneuernde Lebenskraft; jetzt wird sie zur Saat für die Welt, und Israel, seiner messianischen Berufung gemäß, zum Segen für die ganze Menschheit.

Für den Jüngerkreis, der dem jüdischen Weg zu Gott entsagt hatte, war fortan *der* »Knoten im Taschentuch«, der nunmehr im Grunde einzige, alle anderen, früheren, einschließende und zugleich ablösende, das von Jesus mit den Worten »Tut dies zu meinem Gedächtnis« als »Neuer Bund« gestiftete Mahl.

Dieses fortan in jeder Abendmahlsfeier wiederkehrende Wort »Neuer Bund« hat in der Urkirche jedoch niemals zu einem polemisch abwertenden Gebrauch der Vokabel »Alter Bund«, auch nicht zu dem Buchbegriff »Altes Testament« geführt. Was wir heute so nennen, war für die Jesusjünger wie für Jesus selbst die Heilige Schrift schlechthin. Mit ihr und keiner anderen hat der Auferstandene das Herz der Emmausjünger brennen gemacht.

Erst im Laufe einer geschichtlichen Entwicklung, in der das Christentum Staatsreligion und seine Lehre entsprechend verbindlich wurde, kam es zu dem katechetischen Schema Alter Bund – Neuer Bund und der entsprechenden triumphalistischen Gegenüberstellung von Ecclesia und Synagoge – an den Portalen der mittelalterlichen Kathedralen fand sie schließlich ihr steinernes Denkmal. Die Abwertung des jüdischen Weges zu Gott war nun endgültig eingerastet.

Es sei hier wenigstens mit einem Wort auf die Folgen hingewiesen, die es hatte (und vielleicht noch hat), daß die Liturgiker im römischen Hochgebet schon früh den biblischen Abendmahlsbericht insofern veränderten, als sie Jesus sagen ließen: »Dieser Kelch ist der neue *und ewige* Bund.« Das steht in keinem der vier sogenannten Einsetzungsberichte des Neuen Testamentes; in keinem finden sich die Worte »und ewige«. Das hätte Jesus nicht gesagt. Hört es sich doch für den Uneingeweihten so an, als bestünde die Neuheit des Bundes, der sich in Jesu Opfer schließt, darin, nun erst auch ewiger Bund zu sein, so, als sei der Bund mit den Erzvätern und der mit Israel am Sinai und wiederum der mit David geschlossene noch kein ewiger Bund gewesen und nun abgetan. Diese Auffassung steht im Widerspruch zu einer Reihe von Schriftworten, die die Bibel zumeist Gott selbst in den Mund legt. Es hat nie einen anderen als einen ewigen Gottesbund gegeben. Anders wäre Gott nicht der ewige Gott. Man darf die Worte »Neuer und ewiger Bund« in der römischen Eucharistiefeier – wird sie für immer daran festhalten? – also lediglich als Erinnerung an die Unverbrüchlichkeit des einen Gottesbundes verstehen, an den Sieg der unaufhebbaren Treue Gottes über jegliche menschliche Untreue. Israel ist bleibendes Gottesvolk, wenn anders Gott ein treuer Gott ist.

Was ist alt am alten Bund, wenn Gott einen neuen verheißt und schließt? Der Mensch!, als hinfälliger und veraltender, der den Gottesbund auf die Dauer nicht hält, der immer wieder von der Höhe seiner Berufung absinkt; dieses Versagen drängt nach jener *inneren* Konformität mit Gottes Gesetz und der Ausrüstung, seinen Willen zu tun, wie Gott sie als »neuen Bund« verheißt (vgl. Jer 31,33 und Ez 36,27).

Ich habe mir selber und anderen das Verhältnis Alter Bund – Neuer Bund früher einmal durch ein Gleichnis aus dem Bereich der Musik verdeutlicht. Lionel Blues Buch hat mir die Augen dafür geöffnet, daß dieses Gleichnis zu einer falschen Vorstellung führen kann, wenn es nicht eine Ergänzung erfährt – ich werde darauf zu sprechen kommen.

Alter Bund – so das Bild –, das sind die endlosen Fingerübungen eines Adepten in der Musik, dem es bestimmt ist, mit seinem Musizieren einmal als Stern am Himmel der kleinen und großen Freudenbereiter aufzugehen. Vorerst muß er von Notenblättern ablesen und im Etüdenspielen heraushören, was Musik ist. So bekommt er eine Ahnung von ihren Geheimnissen, jedoch nicht ohne daß auch sein Verdruß an den eintönigen Wiederholungen der immer gleichen Kadenzen zunimmt und damit der Drang zum Rebellieren, Sichdrücken oder Davonlaufen – offenbar eine Mitvoraussetzung dafür, daß ihm eines Tages die geniale Gabe eines Mozart geschenkt wird. Damit sind wir bei der Metapher für den Neuen Bund. Er besteht in der Einlösung der Verheißung Jer 31,33: »Ich werde mein Gesetz in ihr Inneres legen und es ihnen ins Herz schreiben« und Ez 36,27: »Ich werde meinen Geist in euer Inneres legen«. – Nun also kann einer die Notenblätter weglegen. Es musiziert in ihm. Etüdenspielen ist nicht länger mehr auferlegtes Pensum. Die Musik innen drängt nach Verwirklichung. Was vorher Last war, wird Lust: Freiheit zu immer neuem Lied, das freilich auch weiterhin treues und intensives »Üben« zur Voraussetzung hat. Aber die ständige

Angewiesenheit auf die Fachleute in Harmonielehre hat aufgehört. »Da wird keiner mehr den anderen belehren und sprechen: erkennet den Herrn!, sondern sie werden mich alle erkennen, klein und groß, spricht der Herr« (Jer 31,34).

Was bedarf nun in diesem Bild der Korrektur, der Ergänzung? Zwar ist nach jüdischer wie nach christlicher Überzeugung Geistausgießung – Gesetz Gottes im Inneren des Menschen – *die* messianische Gabe – nach christlichem Glauben ist sie dem Tod und der Auferstehung Jesu Christi verdankt –, aber ist es richtig, Grenzen der Geistausgießung zu ziehen, zeitliche, räumliche, und zu sagen: erst vom nachösterlichen Pfingsten an und nie vorher? Und nur zu Christen hin? Und nicht auch nachher weiter zum Volk Israel? Gibt es das nicht vielmehr quer durch die Geschichte des einen Gottesvolkes hindurch: Geistgeschenk auf Grund von Gesetzestreue, das heißt von unbedingter Bereitschaft, den Willen Gottes zu tun? Nachdrücklich betont diesen Zusammenhang Lukas in seiner Kindheitsgeschichte (1,6.42.67 und 2,25–37): Elisabet und Zacharias, Simeon und Hanna, Prototypen der Gesetzestreuen, werden Geistergriffene. Und vor allem: auf dem jüdischen Weg zu Gott, nicht ohne ihn, wurde die Jüdin Maria ein »bis zum innersten Herzen bereitetes Erdreich, das keine verborgenste Krume in sich verweigerte, aus dem das Wort zu seiner Fleischwerdung seine Nahrung ziehen konnte. Und Gott beanspruchte jede Krume, weil es um die volle Leibwerdung ging. Ihre innerste Substanz mußte »dran glauben« (H. U. v. Balthasar). Sollten wir Christen nicht einmal in ihr einen Inbegriff des Volkes Israel in seiner Berufung sehen? Dem Juden ging und geht es um das Befolgen von Gottes Gesetz. Dem Christen geht es um die Nachfolge Jesu. Beiden geht es, sofern sie ihren Namen ernst nehmen, um den göttlichen Willen, für beide liegt alles an der Konsequenz in der Existenz. Der Jude sagt: Das Tun ist unsere Gesinnung. Der Christ sagt: Aus der Gesinnung kommt unser Tun. Diese Gegenpoligkeit ist schon das Thema des Jakobusbriefes. Wann werden wir uns endlich als Brüder erkennen? – Wie die endlosen Fingerübungen erst den Pianisten machen, nicht das Wissen und Fühlen von Musik allein, so geht es beim Christen wie beim Juden um das Aufnehmen und Ernstnehmen des Gotteswillens bis in jedes Lebensdetail.

Und wie, wenn der Christ, dem die »Musik« durch Taufe und Firmung ins Herz geschrieben wurde, wie er belehrt ist, weniger mit ihr anfängt und weniger für sie tut als jener mit den Fingerübungen? – der sie zwar auf Notenblättern abliest, dem sie aber auf solche Weise ins Herz wächst und der sie zugleich ersehnt, so daß sie dieses Herz zu Gottesjubel und Tanz bewegen. Wer hat denn die unvergleichlichen Psalmen, dieses schönste Gebetbuch der Menschheit, gesungen und niedergeschrieben? Doch gesetzestreue Juden! Und wer tanzt heute noch die Gottesfreude? Juden bei ihrem Kiddusch am Versöhnungsfest. Wo das größere Ernstnehmen Gottes ist, da schenkt sich der Geist.

In den chassidischen Erzählungen, die Martin Buber gesammelt hat, gibt es nicht weniger gelebte Bergpredigt als in den Fioretti des heiligen Franz von Assisi und nicht geringere Weisheit als in den »Frommen Erzählungen eines russischen Pilgers« – und welche und wie viele der acht Seligkeiten, die ja in erster Linie den Armen, den Leidtragenden, den nach Gerechtigkeit Hungernden und Dürstenden und den Verfolgten gelten, auf Juden in ihrer fast 2000jährigen nachchristlichen Diasporageschichte zutreffen, wer von uns kann das ermessen?

Erst wenn wir Christen im Hinblick etwa auf »Rabbi Levi Jitzchack« in aller Demut das gleiche zu sagen bereit sind, was der Jude Petrus im Hinblick auf den heidnischen Hauptmann Cornelius sagte: »Jetzt erkenne ich, daß Gott nicht auf die Person sieht, sondern daß ihm in jedem Volk willkommen ist, wer ihn fürchtet und Gerechtigkeit übt« (Apg 10,34 f.), dann hat ein echtes Wiedererkennen des älteren Bruders im Bunde mit Gott durch den jüngeren begonnen. Und nach so langem Auseinanderleben – genauer, was uns betrifft, nach so langem verächtlichem oder gleichgültigem Absehen vom älteren Bruder – haben wir, der jüngere, gewiß mehr von ihm zu lernen als er von uns.

Das 2. Vatikanische Konzil hat uns den Begriff Gottesvolk wiedergeschenkt; er bringt die *eine* Heilsgeschichte Gottes mit seinem zu den Heiden sich ausweitenden erwählten Volk und damit auch die jüdischen Wurzeln christlicher Existenz mit ins Spiel. Vielleicht entdecken wir, Juden und Christen, uns als dieses eine Volk Gottes erst dann wirklich wieder, wenn wir (wie damals schon mancher von uns, als es etwa gemeinsam nach Dachau ging) Weggefährten auf jener Reise geworden sind, mit dessen gefährlichem, beschwerlichem und leidvollem Teil die Juden die weitaus größere und praktischere Erfahrung haben.

Einige der bewegendsten Sätze bei Blue sind für mich die folgenden: »Die Wendung ›Volk Gottes‹ war beim 2. Vatikanischen Konzil sehr populär, wie auch die von der pilgernden Kirche auf Erden. Die Implikationen dieser Vokabel sind nicht sehr reizvoll. Christen wären wohlberaten, auf die jüdischen Erfahrungen hinzuschauen und die Kosten der Reise zu bedenken... Juden haben viel zu erzählen von den Gefahren und Freuden dieses Weges, ...was man wissen muß, ...was mitgenommen werden kann; sie kennen die Eigenschaften, die solch ein Leben erfordert, und wissen Bescheid über das Wegegeld, das zu zahlen ist, über die heiligen Kompromisse und Anpassungen, die notwendig sind, und was man einem Herrn gegenüber fühlt, der uns auf solche Reisen schickt...«

*

Ich habe das Buch von Blue wie gesagt zweimal gelesen. Was mich bei der zweiten Lektüre besonders beeindruckte, war die der pharisäisch-rabbinischen Tradition entsprechende konsequente Betonung von Aktivität gegenüber Beschaulichkeit im Judentum.

Nach Ex 24,7 beantwortet das Volk die Gottesoffenbarung am Sinai mit dem Ausruf: »Alles, was der Herr gesprochen hat, das wollen wir tun und hören!« – Zuerst also tun, dann und dadurch hören, wie in der Musik: sie ausübend wächst man in das Verstehen ihrer Gesetze hinein, verfeinert sich das Gehör für sie. Blue mißt dieser Ordnung eine besondere Bedeutung für das Verständnis jüdischer Spiritualität bei. »Der Himmel ist der Himmel des Herrn; die Erde aber hat er den Menschen gegeben« (Ps 115,16) – diesem Schriftwort entspricht nach talmudischer Auffassung der Vorrang, den für das Erdenwesen Mensch die Konkretion vor der Kontemplation hat. Ein Väterspruch der Mischna lautet: »Nicht die Forschung ist vordringlich, sondern die Betätigung.« Ein anderer: »Mehr als du lernst, handle!«

Wenn wir Christen dazu neigen, die Dinge umgekehrt zu sehen, und wenn demgemäß in weiten Bereichen einer ehemaligen Christenheit ein eklatanter Gegensatz von Lehre und Leben, von Geistangebot und -verwirklichung besteht, so hat das seinen Grund darin, daß wir uns wohl allzusehr mit Gedankengängen griechisch-platonischer Philosophie ernährt haben, statt aus unseren hebräischen Wurzeln zu leben.

In Jesu Drängen auf Befolgen und Tun ist Geist vom Geist Israels. Jesu Heiliger Geist bestätigt und bekräftigt diesen Geist: »Wer den Willen Gottes *tut*, der ist mir Bruder, Schwester und Mutter« (Mk 3,35)... »Wer meine Worte *tut*, gleicht einem klugen Mann, der sein Haus auf Felsen baut... Wer sie nur hört und nicht *tut*, hat auf Sand gebaut, sein Lebenshaus stürzt ein« (Mt 7,24ff.). »Was nennt ihr mich Herr, Herr! und *tut* doch nicht, was ich sage« (Lk 6,46).

Jüdische Schulen differieren in der Frage, welches Tun vorrangig ist.

Abraham Heschel z. B., vom Chassidismus herkommend, selber vielleicht der letzte Chassid, ein Mann prophetischen Formats, setzte die Akzente anders als Blue. Auf die Frage: Welches Tun ist vordringlich?, würde er erwidern: das Halten des Sabbats; damit steht und fällt das Judentum und sein Überleben. Blue würde antworten (wörtlich): »Die Freuden religiöser Zurückgezogenheit muß man sich erst verdienen«. Oder: »Die Heiligkeit der Arbeit und ihre Dringlichkeit ist der Führer durch den Dschungel der Gesetze«. – »Nachdenken ist eine höchst zwecklose Beschäftigung, solange man nichts von den Tatsachen weiß« – dieser Satz von Bernhard Shaw könnte genauso auch bei Blue stehen. Mit entsprechender Begründung macht er sich zum Apologeten der Vorliebe des Juden für das Zeitunglesen, während von Versenkung in Psalmen, Propheten- und Weisheitsbücher sehr wenig bei ihm die Rede ist: »Recht gelesen, ist die Zeitung eine Fortsetzung der Offenbarung.«

Heschel beginnt, wenn er vom Judentum spricht, nicht mit der Arbeit des Menschen, sondern mit dem Arbeitgeber Gott; man muß sich dem Arbeitgeber zugewandt und seine Aufträge entgegengenommen haben, um zu wissen, was man und wie man zu arbeiten hat. Nicht Arbeit, sondern Sabbat ist *heilig,* weil Gott den siebten Tag »heiligte«; Arbeit ist *gut,* denn Gott nannte die sechs Schöpfungstage gut. »Gut« ist ein vorletztes, »heilig« ein letztes Wort. Und gut ist etwas nur, solange es vom Heiligen her und auf den Heiligen hin geschieht. Darum kommt Sabbat der Rangordnung nach vor Werk. Sabbat ermöglicht erst, die Wirklichkeit des Alltags mit Religion zu vermählen. Sabbat bringt dahin, den Willen Gottes in in den Beziehungen zum gelebten Leben ernst zu nehmen und, was die Zeitung betrifft, in dem Überangebot von Information jene Auswahl zu treffen, die einen davor bewahrt, seinen Rest von Zeit mit Zeitunglesen zu verbringen.

Natürlich würde ihm Blue da nicht direkt widersprechen. Auch für ihn ist Gott »die einzige Realität, auf die Israel sich in seiner Geschichte verlassen kann«. Auch er sagt Sätze wie diese: »Wenn wir der Materie nicht in Heiligkeit nahen, mißbrauchen wir sie und verderben die Welt.« »Arbeiten kann eine Weise sein, um von Gott wegzulaufen.« Aber die Arbeit ist für ihn nun einmal »der Schlüssel zum Judentum« und selbst Gebet »nur eine Art Arbeit«. Dabei akzentuiert er das Verhältnis der Juden zur *Materie:* »Unter allen religiösen Völkern sind wir die heiligen Materialisten.« Man täte ihm jedoch unrecht, würde man das kleine Wort »heilig« in diesem Satz überhören. Soweit das jüdische Engagement in der Welt der

Materie davon ausgeht, daß wir Gottes Hände, Gottes Werkzeuge in dieser Welt sind – »die größte Sünde für ein Werkzeug aber, und daher für das jüdische Volk, ist Untätigkeit« –, hat es mehr mit Teilhard de Chardin, als mit Marxismus zu tun. Auch die jüdische Neigung, materielle Entwicklungen und Errungenschaften zunächst einmal positiv zu sehen, Tiefkühltruhen, Autos, elektronische Geräte oder Landhäuser eher mit religiösem Auftrag zusammenzubringen, als sie ihrer penetranten Diesseitigkeit wegen daraus auszuklammern, würde sicher das Ja des großen Jesuiten finden, wie dann auch etwa der folgende Satz: »Vorausgesetzt, man arbeitet für Gott und nicht für die eigene Ehre oder aus Ehrgeiz, so ist dies ein Weg zum Heil.« – Daß die Prämisse »für Gott« heute freilich weiten Kreisen der Juden ebenso fremd geworden ist wie einem Großteil getaufter Christen, weiß und sagt Blue. Seine Sorge geht hier so tief, daß er meint: »Gottes Wind hat seine Richtung geändert. Wer weiß, wohin er sein Volk jetzt wehen wird. Vielleicht ist die Ära der Rabbis und Synagogen zu Ende, wie auch die Ära des Tempels zu Ende ging.«

Ob uns Christen heute nicht entsprechende Gedanken kommen könnten im Hinblick auf die Zukunft der Kirche und mögliche Veränderungen ihrer Gestalt? Am Ende, so hoffen wir, wird die »andere Richtung« darin bestehen, daß Gottes Wind die so lange getrennten Brüder auf *einen* Weg bringen wird, dem einen Herrn entgegen; für die Juden wird es der kommende, für die Christen der wiederkommende Messias sein.

Heinrich Spaemann

Hans Küng
Pinchas Lapide

Jesus im Widerstreit

Ein jüdisch-christlicher Dialog. 52 Seiten. Paperback. In Koproduktion mit dem Calwer Verlag, Stuttgart.

Jüdisch-christliche Dialoge sind in jüngster Zeit viele geführt worden. Den entscheidenden Punkt hat man aber in der Diskussion meist ausgespart, weil man keine Verständigungsmöglichkeit sah. Hier wurde gewagt, den jüdisch-christlichen Dialog direkt über den entscheidenden Punkt zu führen: den Juden Jesus von Nazaret, der zwischen Juden und Christen steht.

Pinchas Lapide

Ist das nicht Josefs Sohn?

Jesus im heutigen Judentum. 167 Seiten. Paperback. In Koproduktion mit dem Calwer Verlag, Stuttgart.

Ein Jahrtausend kirchlicher Judenpolitik hat den Nazarener seinen Landsleuten entfremdet. Erst jetzt, in der freien Atmosphäre des Judenstaates, kommt es zu einer schrittweisen Neubewertung des berühmtesten Sohnes Israels. Pinchas Lapide, der seit zwei Jahrzehnten der jüdisch-christlichen Bibelökumene dient, berichtet in seinem Buch über das neue Interesse des Judentums an Jesus.

Kösel Verlag · Calwer Verlag